정철

네이버, 다음, 카카오를 거치며 한국 웹 사전의 기본 틀을
디자인한 웹 사전 기획자. IT업계에서 일하면서도 계속
사전이라는 오래된 매체를 좋아했다. 음악도 스트리밍보다는
옛날 미디어인 CD와 LP로 듣는 것을 선호하고 얼마 전에는
미출간 고전을 출간하기 위해 출판사를 만들었다. IT와 교양을
어떻게 이을 것인가를 꾸준히 고민하고 있다. 위키백과의
열혈 편집자이며 한국위키미디어협회 이사로도 활동 중이다.
사전을 소재로 『검색, 사전을 삼키다』, 『최후의 사전 편찬자들』,
『위키백과, 우리 모두의 백과사전』(공저)을, 음악을 소재로
『프로그레시브 록 명반 가이드북』을 썼다. 지금은 명반
가이드북 두 번째 편을 준비하며 일본 메이지 유신 시기의
중요한 고전들을 탐색하고 있다.

pinkcrimson@gmail.com

사전 보는 법

사전 보는 법

지식의 집을 잘
짓고 돌보기 위하여

정철 지음

불만을 제기하는 사람이 많을수록 더 좋아집니다

가끔 '나는 사전을 왜 이렇게 좋아할까' 하는 생각을 합니다. 정제된 정보원이고 균형 잡힌 선생님이며 누가 물어도 친절하게 설명하는 책이기도 하지만 사실 맹목적으로 좋아하고 있는 느낌이 들거든요. 보자마자 좋았습니다.

그러다 보니 '아니, 이 좋은 책이 왜 읽히지도 않고 갱신도 되지 않고 방치되나' 하는 불편한 마음도 있었습니다. 이 마음 때문에 처음 웹 사전을 만들기로 마음먹었고 십수 년간 그 작업을 하며 지냈고 지금도 사전에 애착을 갖고 있지요. 책을 쓰는 이유도 같습니다. 사전이 이래서 좋고 저래서 좋다는 이야기를 계속하고 있는 겁니다.

몇 년 전부터 사전에 관한 글을 꾸준히 쓰며 이미 세 권의 책을 냈고 각각 이런 이야기를 다뤘습니다.

— 사전은 사라진 것이 아니고 검색으로 진화했다.
  (『검색, 사전을 삼키다』)
— 종이 사전을 만든 사람들의 이야기를 들어 보자.
  (『최후의 사전 편찬자들』)
— 개설된 지는 20년이 넘었지만 아직도 '사전의 미래
  형'인 위키백과에 좀 더 관심을 가져 보자.
  (『위키백과, 우리 모두의 백과사전』)

그러던 중에 사전 보는 법에 관한 이야기를 해 보면 어떻겠느냐는 제안을 받았습니다. 사실 사전을 어떻게 읽을 것인가, 사전 교육을 어떻게 해야 하는가 같은 문제는 누구보다 교직에 계신 분들이 관심을 가지고 하실 일이라고 생각했습니다. 이미 출간된 책도 있고요. 하지만 일반 독자로서 사전을 비판적으로 읽는 법이라면 그동안 제가 꾸준히 해 온 이야기이기도 하고 쓸 만한 내용이 있겠다는 생각이 들었습니다. 그 결과가 바로 이 책입니다.

비판적으로 읽으려면 전반적인 상황을 알아야 합니다. 그래서 사전의 구성, 웹 사전과 종이 사전의 차이, 사전의 사회적 역할 등 사전을 잘 모르는 사람도 쉽게 이해할 수 있는 이야기를 먼저 다뤘습니다. 쉽게 쓴다고 썼지만 전달하는 정보량이 많아서 쉽지 않을지도 모르겠습니다. 그래도 끝까지 읽어 보시면 그간 다른 곳에서는 접하지 못했던 이야기를 듣는 재미를 느낄 수 있을 겁니다.

사전을 비판적으로 읽자면서 계속 사전의 문제점을 이야기하지만 사실은 '제발 좋은 사전이 나올 수 있도록 모두 힘을 보태 주세요' 정도의 호소입니다. 과거의 사전은 모두 소명을 다하고 역사에 묻혀 흘러갔는데 그 자리를 대신할 새로운 사전은 만들지 못하고 있으니까요.

한국뿐 아니라 세계적으로 사전은 위기입니다. 인터넷과 검색의 등장으로 사전이 직격탄을 맞았고 지금은 유튜브와 넷플릭스까지 출현해 문자 생활 전반이 흔들리고 있습니다. 도스토옙스키가 그렇게 길고 장황한 소설을 쓸 수 있었던 이유는 그 시대에는 독서 외에 딱히 즐길 거리가 없었기 때문입니다. 하지만 지금은 너무 많죠. 그만큼 글 읽는 능력, 다시 말해 문해력이 떨어졌을 겁니다. 책도 안 보는데 사전은 더 안 볼 테고요.

그러면 사전을 이렇게 방치해도 되느냐고 물으면 다들 그건 좀 아니지 않냐고 답합니다. 하지만 관심이 적어지면 자연스럽게 방치되지요. 지금 사전은 이미 빈사 상태에 놓여 있습니다. 지금 우리가 보는 사전이 어떤 상태인지 나름대로 진단한 결과를 적어 놓았으니 확인해 보시고 여러분도 나름의 진단을 내려 보면 좋겠습니다.

결론은 진부합니다. 어떻게든 평소에 사전을 이용하고 사전에 불만이 있으면 그 불만을 사전을 만드는 곳—요즘 같은 때라면 포털—에 이야기해 달라는 겁니다. 불만이 쌓이면 뭔가 바뀌거든요. 그리고 혹시 이 책을 통해 사전에 관심이 생겨 사전을 만들어 보고 싶은 마음이 든다면 여기 어딘가에 적혀 있는 제 이메일로 연락 주세요. 조금이라도 조언을 드리겠습니다.

1

{ **사전은 믿을 만한 게 못 된다** }

첫 장 제목이 '사전은 믿을 만한 게 못 된다'라니 괜히 눈길이나 끌려고 자극적인 제목을 달았다고 생각할지도 모르겠습니다. 하지만 전혀 그렇지 않습니다. 현재의 사전은 극히 못 믿을 책이 맞습니다. 지금부터 제가 그렇게 생각하는 이유를 말해 보려 합니다.

지금 우리가 보는 사전은 다수가 20년 전의 것입니다. 설마, 하고 생각할 수도 있겠지만 정말 그렇습니다. 어쩌면 30년 전의 것일지도 모릅니다. 그렇더라도 어학사전의 경우는 큰 문제없다고 생각할 수도 있습니다. '먹다' 같은 단어를 떠올려 보아도 세월이 흐른다고 의미가 크게 바뀌는 일은 잘 없으니까요. "(사람이나 짐

승이 음식물을) 입으로 씹거나 하여 뱃속으로 들여보내다"(『고려대 한국어대사전』)라는 기본 뜻은 앞으로도 크게 바뀌지 않을 겁니다. 하지만 언제 생겨난 것인지도 알 수 없는 '먹어주다'와 같은 표현이 있습니다. 외모나 실력, 행동 등이 상대에게 잘 받아들여진다는, 먹힌다는 의미이지요. 이런 내용은 한국어사전의 '먹다' 항목에서는 찾을 수 없습니다. 속어이니 사전에 실을지 말지부터 고민해야 할 문제지만 저는 꽤 신선한 표현이라 실을 필요가 있다고 보거든요. 게다가 '먹어주다'에는 능동인지 수동인지 애매한 감각이 섞여 있습니다. 내가 먹어주는 것인지 상대에게 먹혀들어 가고 있는 것인지 중의적이지요. 언어의 중의성은 언제나 흥미롭습니다.

이런 미묘한 변화들, 갑자기 사용이 늘거나 줄거나 혹은 의미가 달라지거나 하는 변화를 어학사전은 꾸준히 반영해야 합니다. 그러니 수년, 적어도 십 년에 한 번은 사전의 개정 작업이 이루어져야 합니다. 그런 변화가 얼마나 반영되었는지 의심스럽긴 해도 20세기에는 어쨌건 개정하는 흉내라도 냈습니다. 개정판이라는 딱지가 붙어 있어야 사람들이 샀으니까요. 그런데 인터넷 시대로 접어들면서 사람들이 더 이상 사전을 구매하지 않으니 사전 개정 작업도 점점 더 힘들어졌습니다. 그래서 많은 사전이 30년 이상 된 내용을 그대로 전하고 있습니다. 종이 사전은 편집 스타일이나 만듦새가 오래되어 낡은 느낌을 주면 인쇄라도 새로 하지만 웹 사전은 그런 것도 없습니다.

그래도 한국어사전은 국립국어원이나 고려대학교 등의 기관에서 계속해서 개정 작업을 하고 『겨레말큰사전』 같은 대규모 사전이 새로 만들어지는 등 변화가 있습니다. 반면 영한사전 같은 이중 언어 사전은 말 그대로 초토화된 상태죠. 약 10만 어휘를 수록한 중사전 규모의 이중 언어 사전 중에서 21세기 들어 한국인이 직접 편찬 작업한 결과물은 『능률한영사전』(2006), 『새한불사전』(2008), 『프라임 불한사전』(2011), 『연세 중중한사전』(2015) 등 얼마 되지 않습니다. 영한사전의 경우는 영국에서 출간된 외국인을 위한 '학습자 사전' 몇 종류가 번역되었습니다. 옥스퍼드, 코빌드, 롱맨 등의 출판사에서 외국인을 위해 최대한 풀어 쓴 사전이 '학습자 사전'learner's dictionary입니다. 한국인이 만든 영한사전은 제가 아는 한 맥이 끊겼고 번역 사전들도 개정판이 나오지 못하고 화석화하는 중입니다. 이유는 수익성 때문입니다. 이제는 소수의 개인이나 회사가 손해를 감수해야 겨우 새로운 사전을 낼 수 있지요. 현재 한국의 이중 언어 사전 출간 현실이 이렇습니다. 거의 모든 학부모가 자식의 영어 교육을 위해서라면 허리가 휠 지경으로 돈을 쓰는 나라에서 벌어지는 아이러니한 상황이지요.

백과사전도 별반 다르지 않습니다. 웹상에서 서비스되는 '네이버 지식백과'(두산백과 제공)와 '다음 백과'(브리태니커 백과사전 제공)가 조금씩 새로운 항목을 추가하고 있지만 다수의 중요한 항목은 예전 그대로입니다. 30년간 손도 대지 않은 채 지금까지 이어지는 항목이 많습니다. 30년이면 한 세대가 교체될 시간입니다. 지금 우리가 보는 항목이 아버지 세대가 읽던 내용이라는 의미지요. 성리학에 대한 설명이라면 30년 전의 설명을 지금 읽어도 무리가 없을 수 있습니다. 하지만 30년 전의 생명공학이나 인공지능에 관한 설명이라면 어떨까요? 내용도 내용이지만 어휘나 문장 쓰기 방식이 지금 세대가 읽기엔 너무 '아저씨 풍'일 겁니다. 지난해 모 영화평론가가 "명징하게 직조"했다는 표현을 썼다가 "잘난척한다", "그게 무슨 말이냐" 하는 비난을 들었던 일이 생각납니다. 제가 생각해도 조금 관습적으로 별 의도 없이, 지적으로 게으른 표현을 썼다 싶지만, 지금 세대에게는 유달리 '아니 이게 무슨 소리요' 하는 느낌으로 다가갔겠지요.

지금 사전을 보는 사람들은 아마 대부분 웹 사전을 사용할 겁니다. 웹 사전은 종이 사전과는 완전히 다른 물건입니다. 굳이 물건이라는 표현을 쓴 이유는 매체가 다르기 때문입니다. 매체가 달라지면 내용 전달 방식도 달라지지요.

웹 사전 자체엔 문제가 없습니다. 오히려 장점이 많죠. 중요한 건 웹 사전과 종이 사전의 다른 점을 우리가 곧잘 잊는다는 겁니다. 뭐가 다른지 잠깐 생각해 봅시다. 웹 사전은 종이 사전에 있는 내용을 재가공해서 화면에 뿌려 줍니다. 컴퓨터는 반복 작업을 잘하는 기계죠. 그래서 어떤 사전도 웹상에 뿌리면 동일한 형식으로 화면에 배치됩니다. 네이버 사전에 100개의 서로 다른 사전이 데이터베이스로 제공된다 해도 그것을 화면에 구현하는 방식이 대동소이하니 사람들은 서로 다른 100개의 사전을 구분하지 않고 '네이버 사전'이라고 생각합니다. 문제는 여기에 있습니다.

종이 사전일 때는 50만 어휘가 수록된 세 권짜리 대사전과 10만 어휘가 수록된 한 권짜리 중사전의 차이를 모를 수가 없습니다. 일단 수십만 원과 수만 원으로 정가 차이가 나니 지갑에서 나가는 돈이 다르고, 손으로 만져지는 크기와 무게의 차이도 확연하니까요. 무엇보다 그 사전이 누가 만든 사전인지 보자마자 구분할 수 있습니다.『옥스퍼드 영한사전』인지『롱맨 영한사전』인지 누구나 알죠. 겉표지에 아주 크게 쓰여 있거든요.

웹 사전에서는 이걸 파악하기 어렵습니다. '중학생용 교과서 용어 해설 사전'인지『한국민족문화대백과사전』의 내용인지 쉽게 구분이 되지 않습니다. 항목에 따라『한국민족문화대백과사전』의 내용이 중학생용 교과서 용어 해설 사전보다 더 짧고 간단할 때도 있지요. 내용만 보고 어떤 차원과 시점에서 풀어 놓은 것인지 사용자가 파악해야 합니다. 예를 들어 '권력'이라는 단어를 찾으면 그 풀이가『헤겔 사전』에서 가져온 것인지『칸트 사전』에서 가져온 것인지 알 수가 없습니다. 즉 출처의 정확성과 중요도를 알기 어렵다는 문제점이 있습니다. 그러니 대부분의 일반인과 소수의 연구자까지 아무 생각 없이 '출처: 네이버 사전'이라고 써 두는 경우가 비일비재합니다. 학생이 과제 보고서에 '출처: 지식iN'이라고 적는 경우도 많고요. 일종의 지적 게으름이긴 하지만 대중을 탓할 수는 없지요. 네이버 사전이 잘못한 겁니다.

사실 지금은 사전 검색 사이트가 사전을 삼켜 버렸습니다. 이제는 그 검색 사이트도 유튜브가 삼키고 있는 것 같지만 그것은 나중에 고민하기로 하고, 어쨌거나 더 이상 사전은 제1순위의 참조 대상이 아닙니다. 이제 1순위는 검색이죠.

사전은 지식인이 만든 최후의 보루 같은 것이었습니다. 서로 딴소리 하지 않으려고 해당 영역에서 합의된 내용을 기록하고 그것을 정리해서 나눠 가진 것이 사전입니다. 사전은 언어의 사회계약서를 모은 책입니다. 합의와 계약이 있으면 그 합의 위에서 새로운 논의를 진행할 수도 있지요. 하지만 그 역시도 시간이 지나면 현실을 반영하는 것이 미흡하니 항상 개정 작업을 거쳐야 했습니다. 그래도 사회 변화의 속도가 그렇게 빠르지는 않아서 오류 개수가 그리 많지는 않았습니다. 그런대로 믿을 만했다는 얘기지요.

그런데 인터넷이 등장한 이후 세상 돌아가는 속도가 이전에 비해 가속되었습니다. 서울에서 가수 아이유가 인스타그램에 사진을 올리면 그 즉시 일본 아이돌 그룹인 아라시가 '좋아요' 하고 반응해 주는 세상이니까요. 지식을 책으로 인쇄하여 그것을 우편으로 주고받던 시대와는 완전히 달라졌습니다. 유입되는 정보가 많다 보니 체감하는 오류도 엄청나게 늘어났습니다. 옛날에는 그런대로 믿을 만했던 것이 금세 믿을 수 없는 정보가 되는 겁니다. 특히 IT쪽은 이런 경향이 매우 심해요. 2~3년마다 새로운 트렌드가 등장하는 느낌입니다. 그럼 그만큼 자주 IT 사전을 만들어야 한다는 얘기죠.

게다가 기존의 지식 중에서 알고 보니 오류인 것도 많이 발견되었습니다. 인쇄물은 읽으며 일일이 사실 확인을 하기가 쉽지 않고, 인쇄물이 주는 '후광 효과'가 있어 책에 실린 내용이라면 과거에는 그대로 권위를 인정받았습니다. 그런대로 확인된 사실이 실렸다고 생각했지요. 하지만 검색의 시대에는 이전보다 사실을 확인하는 것이 쉬워졌습니다. 확인이 빈번하니 사전에서도 오류가 꽤 많이 발견되었지요. 즉 검증이 쉬워져서 오류가 더 많이 발견되기 시작한 것입니다. 암 발병률과 비슷하죠. 암 발병률이 올라간 건 평균수명이 길어진 이유도 있지만 예전에는 못 잡아내던 초기 암을 조기 발견할 수 있게 되었기 때문입니다. 한때 한국 여성의 갑상샘암 발병률이 세계 평균의 10배였다고 하는데 그만큼 조기 검사가 많이 이뤄진 것도 큰 이유였다고 합니다.

인터넷 덕에 집단 지성으로 함께 만드는 백과사전도 등장했습니다. 한국에서는 '위키백과'나 '나무위키'가 대표적이죠. 위키백과와 나무위키는 불특정 다수가 참여합니다. 다수의 실체를 들여다보면 고등학생 이하의 청소년, 종종 초등학생까지 포함되어 있습니다. 물론 그렇게 만들어도 다수가 여러 번 검토하므로 비교적 오류를 많이 걸러 내지만, 그래도 심심찮게 오류가 발견됩니다. 이 유사 백과사전의 정확성은 누구도 보증해 주지 않습니다. '자기 책임하에 알아서 쓰세요', '일단 여기 정리는 해 둘게' 정도의 감각입니다.

옛날 사전도 사실 완벽히 검증된 내용을 담고 있는 건 아니었지만 그래도 사전이 주는 아우라가 있었습니다. 왠지 사전은 믿어도 될 법한 책이었죠. 그 아우라가 걷힌 겁니다. 그리고 사전의 내용은 '내 책임'하에 사용해야 하는 것이 되었습니다. 무턱대고 믿어선 안 되는 것이 되었죠.

이제 사전의 내용은, 일단 믿되 그 정확성을 내가 높일 필요가 있으며 그 과정에서 여러 책과 자료를 복합적으로 검색하여 검증해야 합니다. 예전에는 웬만큼 믿음이 갔고 딱히 뾰족한 검증 도구나 과정도 없었지만 지금은 그때보다 믿을 만하고 효과적인 검증 도구가 생겼습니다. 이만큼 도구를 쥐었으니 당신이 노력해서 지식을 잘 다루어야 합니다.

그런데 여기서 또 문제가 발생하죠. 상황이 바뀌었다면 이용자의 태도 역시 바뀌어야 합니다. 예전에는 '확인할 방법이 없으니 그냥 사전을 믿자' 하며 추가 검증을 거치지 않고 사전을 인용하곤 했지만, 지금 같은 상황에서 사전을 인용하려면 '과연 이게 맞을까? 믿을 만한 사전에서 가져온 내용이 맞나?' 정도의 확인 절차는 거쳐야 합니다. 지적 엄밀성이 필요해진 거죠. 그런데 어떤 이용자는 '우와, 나무위키 너무 좋다' 하면서 별다른 확인 절차 없이 나무위키의 내용을 어딘가에 당당하게 인용합니다. 그러면 나무위키의 오류와 오류의 가능성까지 함께 인용하게 됩니다. 그나마 출처가 나무위키라고 밝히기라도 하면 다행이지만 그것까지 숨기고 오류를 전파한다면 상황은 꽤나 위험해집니다. 오류 섞인 정보가 정확한 출처도 없이 적절한 정보처럼 제공될 뿐 아니라 한계도 없이 전파될 수 있으니까요.

자, 이제 요약해 봅니다. 지금 우리가 보는 사전은 너무 오래된 것이고, 웹 사전에서 보는 사전 내용은 그 특성상 출처를 파악하기 어려우며, 세상이 너무 빠르게 변해서 사전, 특히 백과사전에 적힌 내용은 너무 빨리

진부한 내용이 되고 맙니다. 그래서 사전은 못 믿을 책입니다.

그런데 본래 사전뿐 아니라 모든 텍스트는 의심하며 읽어야 합니다. 책만 보고 대충 믿거나 사전에 쓰인 것이니 믿을 수 있었던 세계는 잃어버린 낙원입니다. 사실 인터넷이라는 사과를 깨물었기에 그것이 낙원이 아니라는 것을 알게 된 것에 가깝죠. 지식이란 그런 겁니다. 알면 알수록 세상이 얼마나 미묘하고 복잡한가를 깨닫게 되고 더 조심스럽게 다루기 위해 주의해야 하며 이를 위해서 공부해야 합니다. "아는 것이 병이다"라는 말은 그런 맥락에서 나온 속담이 아닐까 합니다.

그럼 이렇게 못 믿을 자료인 사전을 우리는 왜 읽어야 할까요? 그럼에도 불구하고 여전히 사전이 지식의 보루이기 때문입니다. 예전만큼 굳건한 보루는 아니지만 그래도 사전만 한 것이 아직 없습니다. 그리고 이 사전을 잘 다루면 여전히 강력한 도구로 쓸 수 있습니다. 특히 세상을 개괄적으로 파악하기에는 사전만 한 책이 없죠. 잘 모르는 사안이 있을 때 위키백과나 나무위키를 통해 간단히 정리된 내용을 읽고 개념을 잡아 본 경험이 다들 있을 겁니다. 10년 전만 해도 연구자들이 "어떻게 위키 같은 것을 보냐"고 말하곤 했으나 지금은

"은근히 도움이 된다", "학생들이 위키라도 읽었으면 좋겠다"고 말합니다. 위키백과의 방문자 수가 전 세계 10위권이라는 사실은 사람들이 얼마나 위키백과에 의존하고 있는지를 말해 줍니다.

기왕 이렇게 된 거 사전을 읽고, 사전을 이해하고, 사전을 직접 만들어 보면 어떨까 합니다. 이 책은 그런 의도를 담아 사전을 둘러싼 여러 이야기를 풀어 놓은 책입니다.

2
{ 사전에 관한 세 영화 }

집요하게 문자를 붙잡고 파고드는 사람의 이야기에 항상 흥미를 느껴 왔습니다. 그들은 시간의 힘을 믿었고 당장 문제를 해결하지 못하더라도 시간이 지나면 어떻게든 되리라 생각했거든요. 예를 들어 사마천은 사형과 궁형 중 거세형인 궁형을 선택해 살아남았죠. 이후 현실에서의 치욕을 견디고 『사기』를 써서 결국 어떤 역사가와도 견주기 어려운 역사서의 체계를 세웠습니다. 결국 자신에게 형벌을 가한 한 무제보다 역사에 더 깊은 발자국을 남겼습니다. 실록을 남긴 이름 없는 사관들도 마찬가지입니다. 탄압을 받아 죽더라도 역사는 충신을 기억한다고 믿었기에 두려움 없이 기록했습니다. 왕이 자신의 실책을 지우라 사관에게 명령했다는 사실까지도 기록해 버릴 정도였지요. 이렇게 시간의 힘을 믿었던 사람 중에는 사전 편찬자들도 포함됩니다.

사전 편찬자의 드라마를 다룬 영화가 21세기 들어서 몇 편 만들어졌습니다. 책이 먼저인, 원작이 있는 영화들인데 아무래도 영상으로 보는 게 사전 만드는 일과 사람을 가장 직관적으로 만나는 방법이라는 생각이 들어 책보다는 영화로 몇 편을 소개하려 합니다.

먼저 일본 영화 『행복한 사전』(2013)입니다. 원작은 일본에서 2011년에 출간된 『배를 엮다』(은행나무, 2013)라는 소설이고 이 책이 일본에서 대성공을 거두며 영화와 애니메이션으로도 만들어졌는데, 한국에서는 연극으로 개작되기도 했습니다. 일본은 세계적인 사전 강국이고 예전부터 사전을 열심히 만들었기 때문인지 사전 만드는 사람을 소재로 한 책이 꽤 있습니다. 그 오랜 시간과 전통이 있으니 사전 만드는 과정이 이렇게 상세하게 묘사된 소설까지 읽히겠지요. 소설 이외에도 사전과 사전 편찬자를 다룬 일본 책 중 오스미 가즈오의 『사전, 시대를 엮다』(사계절, 2014)와 사사키 겐이치의 『새로운 단어를 찾습니다』(뮤진트리, 2019)가 우리말로 번역되어 있으니 찾아보세요.

영화 내용은 단조롭습니다. 사전 만드는 사람은 세상에 호기심이 많고 꼼꼼한 사람임을 먼저 묘사합니다. 그렇게 꼼꼼한 사람이 아닌 저는 보면서 좀 뜨끔한 순간도 있었지요. 등장 인물들이 단어를 수집하고 용례를 모은 뒤 그것을 분류하고 다시 쓰는 작업을 하는 과정을 보여 주는데, 몇 번만 반복하면 그런대로 할 만할 것 같았지만 그걸 10만 번, 30만 번 반복한다고 생각하니 아찔했습니다. 그런 장면이 이어지다 갑자기 12년 후로 넘어갑니다. 단순히 '12년 후'가 아니라 '12년간의 반복 후'로 장면이 이어지지요. 미미한 작업이 쌓이고 쌓여 12년 뒤에 어떤 결과물이 탄생하는지를 영화는 조금 밋밋하게 그립니다. 중간에 단어 누락을 발견하고 그것을 일일이 재확인하는 사건이 일어나는데, 그것도 일반 사람들이 보기에는 하찮은 일일지 모릅니다. 하지만 그 하찮은 듯한 일도 단순하게 여기지 않고 정공법으로 헤쳐 나가는 사람들이 있어서 지금과 같은 사전이 만들어졌습니다. 이것이 영화가 주는 메시지라고 생각합니다. 영화에선 마쓰다 류헤이와 오다기리 조라는 멋진 배우들이 등장해 아름다운 장면으로 보여 주니 썩 훌륭한 작업처럼 느껴질 수 있지만 사실 매우 지겹고 고된 일이죠.

사전 편찬자가 사전을 아무리 잘 만들려고 해도 단어가 마치 손가락 사이로 빠져나가는 것 같다고 느끼는 것처럼 언어는 계속 변하고 기록으로는 따라잡을 수 없습니다. 하지만 그들은 선배들이 만든 사전을 토대로 새로운 사전을 만든 것처럼 지금 자신들이 사전을 만들어야 후대에도 사전이 이어질 수 있다는 것을 알고 있습니다. 그리고 후대의 편찬자에게 민망하지 않도록 새로운 뜻풀이를 계속 고민합니다. 사전의 불멸을 믿는 것이지요.

이 영화는 상당히 평화롭습니다. 전후 일본의 평화로운 고도성장기가 반영되어 있죠. 사전을 만든 이들의 집요함은 평화 속에서 긴 시간에 걸쳐 끈질기게 진행됩니다. 영화 속에서도 사전 편찬 부서는 축소되고 대를 이을 작업자를 찾아 헤매지만 그리 절망적으로 묘사되진 않습니다. 현재 일본의 사전업계와도 비슷하죠. 일본의 사전 시장 역시 전성기에 비해선 형편없습니다만, 절망적인 수준은 아니므로 영화는 비교적 사실적입니다.

두 번째로 소개할 영화는 한국 영화인 『말모이』(2018)입니다. 이 영화의 내용은 허구입니다만, 영화에서 다루는 사건은 대부분 사실에 근거하고 있습니다.

조선광문회 - 조선어사전 편찬회 - 조선어학회 - 한글학회로 이어지는 우리말 운동의 흐름과 그 과정에서 일어난 사건을 보여 주되 가상의 연속성을 넣어서 스토리를 짜 넣은 것입니다. 그래서 영화를 보며 연출이 기막히다고 생각했습니다. 중간 중간 단절된 사건을 다큐멘터리처럼 보여 주는 것이 아니라 그 안에 담긴 정신을 느낄 수 있도록 흐름을 보여 주어 좀 더 실체적 진실에 가깝게 느껴지거든요.

일본인들이 평화롭게 사전을 만들 수 있었던 시기에 우리는 우리말 사전을 갖기 위해 전쟁 같은 시간을 겪어야 했습니다. 주시경 선생이 말모이를 만들다 (1911~1914) 결국 출간하지 못하고 돌아가신 일(1914)은 우리말 사전의 첫 번째 고난이었습니다. 그 뒤를 이어받은 김두봉의 망명(1919), 이규영의 사망(1920) 이후 총독부가 편찬한 『조선어 사전』이 출간(1920)된 것은 상징적입니다. 이후 조선어학회는 『한글 맞춤법 통일안』(1933)과 『사정한 조선어 표준말 모음』(1936)을 만들어 내지만 곧 이어진 조선어학회 사건(1942)으로 대대적 탄압을 받습니다. 이 탄압으로 출간 직전에 있던 『조선말 큰 사전』 원고 역시 흩어지는 두 번째 고난이 이어집니다. 이 원고의 일부가 해방 후에 서울역에서 발견되지만 바로 출간이 가능한 상태는 아니었고 이 것을 다시 재편집하고 원고를 보강해서 결국 정인승 주도의 한글학회가 1957년에 완간한 것이 『우리말 큰사전』입니다.

영화 『말모이』는 이 모든 과정을 압축해서 묘사합니다. 일제에 의해 두 번이나 압살될 뻔했던 사전을 끝내 출간해 냈고 그 과정에서 주시경과 조선어학회는 한국어의 토대를 닦아 결국 독립 국가의 체계적인 언어 시스템을 확립했습니다. 한국어가 있으니 한국어 문장과 문법도 당연히 존재한다고 생각할지 모르겠습니다만, 그게 그렇지 않습니다. 기록 문자가 한문에서 한글로, 문장도 한문체와 국한문혼용체를 거쳐 지금의 언문일치체로 변화하기까지 수많은 가능성이 열려 있었습니다. 영화에서 각 지방의 문사들이 모여 무엇을 표준어로 삼을지 회의하는 표준어 사정 작업(1934~1936)이 묘사된 장면이 있습니다. 이러한 합의 과정을 거쳐야 설득력을 가진 표준어를 결정할 수 있었습니다. 일제하 엄혹한 환경에서도 국가의 언어 체계를 잡으려 합의의 시간을 가졌을 만큼 치열하게 우리말의 체계를 만들었습니다. 그 결과물이 『우리말 큰사전』이었지요. 지금 우리가 당연하게 쓰고 있는 현대 한국어는 쉽게 얻어진 것이 아닙니다. 선조들이 독립과 근대화를 동시에 달성해야 하는 상황 속에서 그걸 해낸 거죠. 영화 『말모이』는 학교에서 학생들에게 자주 보여 주는 인기 많은 교육용 영화라고 합니다. 흥미와 의미, 양쪽을 모두 잡았으니 그럴 만하다고 생각합니다.

세 번째로 소개할 영화는 미국 영화 『교수와 광인』 The Professor and the Madman입니다. 이 영화도 원작이 있습니다. 사이먼 윈체스터의 논픽션 『교수와 광인』(세종서적, 2000)입니다. 영화는 멜 깁슨 주연으로 2019년에 개봉했는데 아직 못 봤지만 책을 다 읽었으므로 내용을 미리 소개해 봅니다. 영화는 『옥스퍼드 영어사전』을 편찬하는 데 평생을 바친 두 남자의 기묘하게 얽힌 인연과 삶을 묘사합니다.

먼저 이 『옥스퍼드 영어사전』을 살펴보죠. 당시 영국은 산업혁명 이후 세계 제국이 되었습니다. 이 제국의 학자 중 일부가 영어로 쓴 출판물이나 문서를 모두 검토해 각 어휘의 예문을 함께 수록하는 사전이 필요하다고 생각했습니다. 하지만 처음부터 재원이 충분하지 않았고 또 책임 편집자가 자꾸 바뀌면서 프로젝트가 삐걱거렸습니다. 그러던 중 제임스 머리(James Murray, 1837~1915)라는 우수한 편집장을 섭외했고, 일반인의

도움을 받아 예문 수집을 더 풍부하게 하자는 방침을 세웠습니다.

지식인이 보는 잡지에 엽서를 끼워서 발송하기 시작했지요. 책을 읽다가 특이하거나 조사해 볼 필요가 있겠다 싶을 정도로 오래된 표현, 표기를 발견하면 자기들이 동봉한 엽서에 적어 보내 달라고 요청했습니다. '독자 참여형 사전'의 제작 과정으로 현재 불특정 다수가 기여하는 위키백과의 방식과 본질적으로 비슷합니다. 독자의 엽서를 모으는 일에는 수천 명의 자원봉사자가 참여했고 편집자는 엽서를 체계적으로 분류해 예문을 차곡차곡 확보했습니다. 그런데 유독 한 인물이 매우 적확한 도움을 지속해서 주었습니다. 심지어 특정한 예문을 요청한 경우에도 곧바로 훌륭한 예문을 보내왔습니다. 편집자는 그 인물이 누군지 궁금했습니다.

이후로도 그 조력자와 한참 연락을 주고받다가 결국 직접 방문하기로 결정했습니다. 발신 주소가 '브로드무어병원'이었기에 아마 의료진이겠거니 추측하고 찾아갔지요. 그런데 놀랍게도 환자, 아니 살인죄를 짓고 정신 병동에 수감 중인 윌리엄 체스터 마이너(William C. Minor, 1834~1920)라는 사람이었습니다. 제임스 머리는 그와 꽤 긴 시간 얘길 나누었습니다.

　　이 윌리엄 마이너라는 사람은 미국 명문가 출신의 장교로 남북전쟁 때 의료진으로 참전했다가 전쟁 중에 생긴 트라우마로 전역을 했고, 치료차 영국으로 왔다가 정신 착란 상태에서 망상 중에 엉뚱한 사람을 죽였습니다. 정신 질환이 인정되어 정신 병동에 수감되었는데 그 안에서는 여러 자유가 허용되었다고 해요. 마이너는 수용소 자신의 방에서 자기만의 방법으로 사전 편찬에 기여하기 시작했습니다. 다양한 문장들을 채록해 두었다가 편집진이 요청하면 적합한 예문을 선별해서 보냈습니다. 재산이 꽤 많았던 그는 수많은 희귀본 장서를 소유하고 있었고 그 안의 문장들로 자신만의 예문 뱅크를 만들었습니다. 이것을 요즘 컴퓨터로 구축한 것이 말뭉치corpus인 거죠. 그가 제공한 예문들은 『옥스퍼드 영어사전』에 매우 적합한 것이었다고 합니다.

　　제임스 머리는 이 사전의 완성을 보지 못하고 세상을 떠났습니다. 『옥스퍼드 영어사전』은 1928년에 12권으로 완간되었는데, 1888년부터 한 권씩 순차 출간된 방대한 사전입니다. 제임스 머리는 1915년에 세상을 떠났으니 8권 출간까지는 봤겠네요. 기획 단계(1857)부터 초판 완간까지 70년이 넘는 시간이 걸렸습니다.

도대체 왜 이런 작업을 해야 했을까요?

언어 체계는 사고의 체계이기도 합니다. 인간 이성이 존재할 수 있는 토대이기도 하고요. 언어 체계의 기본 단위인 단어와 그 사용 양태를 정리해야 우리 문명이 어떻게 존재하는지를 고민해 볼 수 있습니다. 언어는 불멸할 것이고 언어의 기록체인 사전도 불멸할 것입니다. 언어도 사전도 바뀔 수 있지만 불멸한다는 사실은 달라지지 않습니다. 대량 생산 시대에 만들어지는 불멸의 책이 바로 사전인 거죠. 사전 편찬자는 자신이 전면에 드러나진 않아도 사전에 자신의 흔적이 새겨져 영원할 거라고 믿었습니다. 그래서인지 유독 사전 편찬의 역사를 보면 사전을 만들다 생을 마감하는 사람들이 눈에 띕니다.

실은 저 역시도 사전의 불멸성이 좋았습니다. 사마천이나 제임스 머리까지 의식하진 않았지만, 언제 사라질지 알 수 없는 블로그 속 글이나 매일 쏟아져 나오지만 잘 읽히지도 않고 3년도 되기 전에 사라지기도 하는 신간들을 보며 덧없다는 생각을 많이 했죠. 그런데 사전만큼은 오래가더라고요. 그래서 사전을 웹으로 가져와 더 오래갈 수 있게 하자는 생각으로 웹 사전을 만들었습니다. 웹 사전이야말로 엄청나게 덧없이 사라질 수 있는 형태였는데 시작할 때는 잘 몰랐지요.

　이렇게 여러 영화로 소개될 만큼 사전 편찬 과정에
는 흥미로운 인물이 다수 등장합니다. 워낙 방대한 인
력과 시간이 투여되는 일인지라 그것을 수행하는 인물
역시 보통 사람과는 달라야 했을지 모르겠습니다. 20
세기 이전에 사전을 편찬하던 사람 중엔 평생 한두 가
지 사전만 만들며 살다 간 이들이 꽤 있을 정도니까요.
저는 이 시기까지를 '사전의 낭만시대'라 부릅니다. 사
전으로 생계유지가 가능했고 사전 만들면서 평생을 보
낼 수도 있었거든요. 이 사전의 낭만시대를 한번 되새
김질해 볼 만한 영화들이라 소개해 보았습니다.

　사전의 낭만시대와 지금은 아주 많이 다릅니다. 컴
퓨터가 등장해서 모든 것을 바꿔 놨거든요. 이 시기를
'사전의 현대'라고 부를 수 있을 것 같은데 그건 좀 뒤에
다시 살펴보죠.

3
어학사전과 백과사전

어학사전과 백과사전의 '사전'이라는 단어는 둘 다 한글로는 '사전'으로 똑같이 표기되지만 사실 아주 다릅니다. 어학사전은 한자로 '辭典'이라 쓰고 영어로는 'dictionary'이며 일본어는 '辞書'라고 씁니다. 백과사전은 한자로 '事典'이라 쓰고 영어로는 'encyclopedia'이며 일본어도 '事典'으로 표기합니다. 완전히 단어를 구분하여 사용해 왔지요.

가장 큰 차이는 사전이 다루는 대상입니다. 어학사전은 자주 쓰는 기능적 어휘를 주로 다룹니다. 중학교 국어 시간에 한국어 9품사를 배우지요. 그중에서 명사 일부와 나머지 8품사의 단어를 주로 다루는 것이 어학사전입니다. 명사 외 나머지 어휘들은 언어가 언어의 역할을 할 수 있도록 여러 가지 기능을 합니다. 단어 개수로는 명사가 가장 많고 그다음이 동사나 형용사 정도입니다. 나머지 품사는 개수가 굉장히 적죠. 하지만 그 나머지 품사가 정말 여러 가지 일을 하기 때문에 우리가 언어를 쓸 수 있는 겁니다. 그리고 이 중요한 어휘들은 너무 여러 가지 일을 해서 뜻풀이가 깁니다. '이다/가' 등을 찾아보면 쓰임이 다양한 만큼 뜻풀이가 정말 깁니다. 명사도 여전히 중요하지만 명사 외의 다른 품사가 문장에서 어떤 역할을 하는지 알려 주는 것이 어학사전입니다.

백과사전은 주로 명사를 다룹니다. 명사는 말 그대로 사물의 이름이고 백과사전의 풀이는 그것이 무엇인가를 설명합니다. 설명의 대상은 백과사전의 성격에 따라 아주 중요한 것부터 상당히 소소한 것까지, 이 의미를 누가 모를까 싶은 쉬운 명사부터 도대체 누가 알고 싶어 할까 되레 궁금해지는 아주 전문적인 명사까지 범위가 폭넓습니다. '모든 것'을 뜻하는 '백과'라는 말에 걸맞게 기본적인 내용을 포괄적으로 다루지요. 예를 들면 국가정보나 종교, 학문 분과, 위인, 지명, 사회 개념 등을 포괄적으로 설명합니다. 일반명사도 다루지만 다수의 고유명사를 다룹니다. 대부분의 항목은 누가, 언제, 어디에서, 무엇을 했는가를 포함합니다. '사람—시간· 장소—행위·작품·사건' 정도의 구성을 갖추고 있지요. 더 단순화시키면 사람과 그가 남긴 것을 다루는 것이 백과사전입니다. 좋은 사람과 나쁜 사람, 훌륭한 일과 추악한 사건 등이 모두 속합니다. 인간이 이런 존재인 가……, 생각하게 하죠.

어학사전 역시 백과사전에 나오는 명사 상당수를 다룹니다. 하지만 다루는 방식이 달라요. 어학사전에서 는 백과사전처럼 장황하게 설명하지 않습니다. 핵심만 간결하게 설명합니다. 긴 설명과 짧은 설명은 용도가 다르지요. 긴 설명은 상세하지만 금방 간추려지지 않을 때가 있습니다. 다 읽었는데 그래서 어쩌라는 거지 싶 게 장황할 때도 있지요. 짧은 설명은 내용이 빈약해 많 이 아쉽지만 '아, 그런 거구나!' 하고 재빨리 이해됩니다. 물론 잘못 쓴 설명이라면 아무것도 전달하지 못하겠죠. 제가 최근까지 한 작업에서 경험한 일인데요, 예를 들 자면 AI 스피커가 있습니다. 그 스피커에 "컴퓨터가 뭐 야?" 이렇게 물어보면 스피커는 짧은 답을 내놓습니다. 그 짧은 답변은 어학사전에 담긴 뜻풀이입니다. 백과사 전의 긴 서술을 읽어 주면 아마 다들 "스피커야 그만 읽어" 하고 중단시킬 겁니다. 지루하고 설명이 너무 길면 이해도 잘 안 되거든요. 그래서 어학사전의 명사 풀이는 간결하면서도 대상의 핵심을 취해야 합니다. 백과사전 설명과 비교하면 어렵습니다. 백과사전 설명이 산문이라면 어학사전의 설명은 시 쓰기와 비슷한지도 모르겠습니다.

또한 어학사전에는 예문이 다수 포함되어 있습니다. 단어가 어떻게 사용되는지 알려면 문장에서 읽어 봐야 하기 때문입니다. 단어는 단독으로 사용되지 않습니다. 항상 다른 단어들과 함께 사용되거나 특정한 상황에서 사용됩니다. 그 사용 환경을 모르면 우리는 문장에서 적절한 단어를 사용할 수가 없습니다. 할아버지께 "할아버지 밥 잔뜩 드셨어?" 하고 말하면 10세 이하의 어린아이라면 그러면 안 된다는 지적을 받을 것이고 그보다 나이가 많다면 부모님께 대차게 혼나겠지요. 이건 문장이 아니면 습득하기 어렵습니다. 어르신께 여쭤볼 때는 밥 대신 진지라고 써야 한다는 정보를 머릿속으로 알고 있다 하더라도 실제 쓰려고 하면 '이럴 때 써도 되나' 하는 고민을 할 수밖에 없습니다. 그럴 때 문장을 통으로 외우면 그대로 바로 써먹을 수 있죠. 다른 얘기지만 잘 모르겠으면 일단 존대하면 됩니다. 저의 일본어 선생님이 그런 얘길 해 준 적이 있습니다. 외국인은 반말을 몰라도 된다고요. 외국인은 반말을 적합하게 쓰기 어렵고, 또 외국인이 반말 써 봐야 좋을 일이 없다는 거죠. 그 선생님의 말씀이 일리가 있어서 아직도 기억하고 있습니다.

또 단어는 많이 사용될수록 의미가 파생되어 많아집니다. 한자어는 동음이의어도 많지요. 그 단어들을 적절하게 사용하려면 그 뜻갈래 사이의 차이를 알아야 합니다. 이 역시도 예문이 아니면 알기 어렵죠. 저는 생생한 예문이야말로 어학사전의 꽃이라고 생각합니다. 선명한 예문 몇 개가 있으면 그 단어의 의미를 구구절절 설명하는 것보다 훨씬 더 적확하게 이해할 수 있습니다. 백과사전도 전문 용어의 영역별 사용례를 보여 주려고 예문을 활용하는 경우가 드물게 있으나 보통은 없습니다.

또 예문의 개수는 그 단어의 사용 빈도를 추정할 수 있게 합니다. 의미가 다양해도 더 중요한 의미와 덜 중요한 의미가 있는데 그걸 구분해 주는 것이 단어의 사용 빈도거든요. 현대 사전 편찬학의 핵심 요소가 바로 예문을 전산 처리하여 얻어 내는 이 사용 빈도입니다. 사전 편찬까지 생각할 것 없이 영어 단어를 외울 때도 더 중요한 의미부터 외워야 하니 이런 사용 빈도가 매우 중요하지요. 물론 다른 여러 용도도 더 있고요.

어학사전과 백과사전 중 더 많이 변화하는 쪽은 백과사전입니다. 지금처럼 새로운 개념이나 문물이 쏟아져 나오고 서로 다른 세계 간의 정보 이동 속도가 빠른 시대에는 그만큼 풀어 줘야 할 개념이 많기 때문입니다. 새로운 개념이 너무 쏟아져 나온 탓에 결국 전통적인 백과사전의 방법론으로 따라가긴 어려워졌고, 불특정 사용자가 참여하는 위키 형태의 유사 백과사전이 등장해 대응하고 있습니다. 이렇게 빨리 변하는 세상이 좋은 것인지 나쁜 것인지는 잘 모르겠으나 확실한 건 우리가 조절할 수 있는 것은 아니란 거죠. 최대한 효과적으로 정리하고 공유하는 수밖에 없습니다. 지금 우리는 '지식iN'의 시대를 지나 유튜브에서 필요한 정보를 구하고 있습니다. 그러면 오늘날 검색과 백과사전의 경쟁자는 유튜브죠. 백과사전이라는 개념이 유튜브에 치여서 깡그리 날아가 버릴지도 모릅니다.

백과사전의 폭풍 같은 변화에 비해 어학사전의 항목은 변화가 더디고 또 그 변화가 눈에 띄게 드러나지도 않습니다. 그러니 그 항목의 변화 추이를 발견하려면 상당히 세심한 관심을 가지고 바라봐야 합니다. '먹다'와 '마시다'의 사용 비율 같은 것을 매년 측정하다가 어느 해에 이르러 갑자기 달라진 것이 보인다면 그건 뭔가 이유 있는 변화의 결과일 수 있습니다. 오늘날의 기술로는 이렇게 진단이 나오면 무엇 때문에 달라진 것인지 확인할 수 있습니다. 언어학에 IT가 접목되어 세심한 진단이 가능해졌고, 그로써 사회언어학적 변화를 발견할 수 있게 되었지요. 이 때문에 언어학의 영역이 인문학에서 전산 통계학으로 옮겨간 것이 어느새 꽤 오래전 일입니다. 어학사전의 항목 변화는 느리고 점진적이어서 쉽게 관찰되지는 않지만 축적되면 어느 순간 우리 눈앞에 선명하게 드러납니다. 페미니스트라는 말도 옛날에는 '여성에게 젠틀한 남자' 정도의 의미로 썼습니다. 약간은 놀림의 뉘앙스를 담아서 말이죠. 현재의 페미니스트가 보면 기가 찰 노릇이죠. 뭐, 1970~1980년대까지의 한국 영화만 봐도 정말 기가 찹니다. 당시에는 단순히 여성에게 젠틀한 남자를 페미니스트라 불러도 이상하지 않았어요. 한국 사회가 1990년대를 기점으로 급격하게 변화했음을 페미니즘, 페미니스트라는 단어를 보아도 확인할 수 있습니다.

위키백과wikipedia뿐 아니라 위키사전wiktionary도 있습니다만 이 사실을 아는 이는 소수입니다. 내용의 분량이나 활성화 정도에서 위키백과가 폭발적이었던 것에 비해 위키사전은 그렇지 못했습니다. 이 차이는 어학사전이 가지는 '언어학'적 특성 때문입니다. 백과사전 항목이라면 어떤 물건이나 개념에 대해 아는 것을 조금씩 보태 가면서 내용을 추가할 수 있습니다. 예를 들어 표제어가 '전자레인지'라면 전자레인지의 제작자, 영업자, 소비자, 수리업자 등이 각자의 영역에서 아는 지식이 다를 것이고 그런 지식들을 조금씩 보태 적어 내용을 보강하는 것이 가능합니다. 그런데 어학사전에는 뭔가 쓰려면 일단 '언어학'이라는 기본 지식이 필요합니다. 그리고 형태론, 음성학, 의미론, 언어사, 유형론 등의 다양한 세부 지식이 필요한데 이런 지식을 골고루 가진 사람은 학자 중에서도 흔치 않습니다. 어학사전을 쓰려면 그 사전을 위해 훈련된 사람이어야 합니다. 이 벽은 어학사전을 전문적이고 어려운 것으로 만듭니다. 어학사전에 관심 가지는 것은 좋은 일이지만 아무래도 진입장벽이 있는 편입니다.

앞서 '예문'을 어학사전의 꽃이라고 적었습니다. 저는 어학사전을 볼 때 예문에 집중해 가며 읽어야 한다고 봅니다. 일단은 자신이 찾는 의미가 몇 번째 뜻풀이에 위치했는가를 찾아봐야겠지요. 그다음엔 정말 그 의미가 맞는지 예문으로 확인해야 합니다. 자신의 언어 감각으로 예문을 읽은 뒤에 뜻풀이가 제대로 되어 있는지 맞춰 봐야 궁금한 점이 해소될 것입니다. 해소되지 않았다면 뜻풀이가 충분하지 않거나 예문이 적절하지 못했거나 내가 찾는 단어나 의미가 사전에 제대로 실리지 않은 것입니다.

사실 어학사전을 읽으면 '아 이건 내가 원하던 것이 아닌데……' 하는 느낌을 종종 받습니다. 사전은 보편적이어야 하므로 최대한 분석하여 기술하는데, 그 과정에서 과도한 분석을 하는 경우가 있습니다. 과도하게 분석하면 쉬운 것도 어렵게 설명하게 되지요. 그러면 내용이 눈에 잘 안 들어옵니다. 또 사전은 비교적 객관화된 사실을 지향하므로 주관적인 감정이나 느낌에 의한 기술보다는 감정을 배제하고 건조하게 기술하려고 합니다. 그러다 보면 너무 가치판단이 배제되어 이게 좋다는 건지 나쁘다는 건지 모를 경우도 생기죠. 즉 어학사전의 언어와 나의 언어가 꼭 맞아 들어가는 것은 아니라는 겁니다. 그럴 때는 '아, 사전엔 이렇게 쓰여 있구나. 그럴 수도 있지' 하는 정도로만 생각하면 됩니다. 그걸 이해하는 것과 실천하는 것은 다르니까요. 사전은 규범적이지만 모범적이지는 않다고 생각합니다.

그래서 저는 사전에 적힌 것을 사전의 의견이라고 봅니다. 나도 의견이 있고 사전도 의견이 있는 거죠. 그걸 받아들일 것인가, 말 것인가는 상황에 따라 판단할 일입니다.

제 친구 중 한 명은 3대 이상 서울에 거주 중인 서울 토박이로 이 친구는 부모님께 들어왔던 신선한 표현을 대화 중에 섞어 쓰곤 합니다. 그런 단어를 사전에서 찾아보면 어떤 것은 있고, 어떤 것은 있어도 그 친구가 생각한 의미와는 다르고, 어떤 것은 아예 없기도 합니다. 저는 서울에서 태어났지만 아버지는 전라도 출신이고 어머니는 경상도 출신입니다. 그런데 두 분 모두 고향 사투리는 많이 안 쓰셔서 특이한 표현을 많이 접하진 않았습니다. 제 한국어는 대부분 교과서나 어린이 세계 명작 등에서 온 것입니다. 그래서 그 친구의 표현을 듣는 것이 재미있었지요. 친구와의 대화에서 저는 사전보다는 친구의 말 쪽에 더 '실체적 진실'이 담겨 있다고 생각했습니다. 사전이 친구 집안의 서울말을 제대로 채집하지 못한 것이니까요. 사전은 무턱대고 믿어서는 안 됩니다. 일단 의심부터 해야지요.

백과사전을 볼 때는 일단 통독하는 것이 중요합니다. 그게 인물이든 사건이든 비교적 개요를 잘 파악할 수 있도록 적어 두었거든요. 백과사전은 생각보다 내용이 부실합니다. 세상 모든 개념을 개요로 만들어서 담는 책인데 사실 개요만 적어도 힘들어요. 그렇다 보니 깊은 내용까지 담지는 못합니다. 하지만 균형 잡힌 시선으로 개괄하기에는 최적의 글입니다. 그래서 '이 인물은 A와 B와 C라는 부분에서 접근해야 하는 거구나, 업적도 많지만 만년에는 D와 E 같은 선택을 하여 결말이 좋지 못했구나' 하는 등의 골자를 파악할 수 있습니다. 더 세부적인 내용은 사전이 아닌 그 주제를 다룬 책으로 파악할 수 있겠지요. 그런 책을 보고 다시 백과사전을 읽어 보는 것도 좋습니다. 그럼 백과사전을 다르게 읽을 수 있거든요. '어라, C라는 부분은 내가 책에서 읽은 것과 좀 다르네. 너무 세간의 평만 적은 느낌이 있어. C는 백과사전보다는 책에서 읽은 것이 더 믿음이 간다.' 이렇게 판단할 수 있어야 합니다.

제가 너무 의심을 조장하나요? 그런데 백과사전을 알면 알수록 믿을 수 없으니 어떡합니까. 백과사전은 세상을 포괄하는 최소한의 지식입니다. 모든 뼈를 갖춰야 하므로 그 뼛조각들이 앙상할 수밖에 없습니다. 대신 그렇게 모인 뼈의 집합체는 상당한 구조를 갖추고 있지요. 살은 읽는 사람인 당신이 직접 붙여야 합니다.

백과사전의 구조는 당신이 최소한 엉뚱한 생각에 빠져 산으로 가지 않도록 해 줍니다. 어학사전에서 '뜻풀이 – 예문–사용자가 서로 비교'했던 것처럼 백과사전에서는 '항목 설명–추가 자료·책–사용자가 서로 비교'해야 합니다. 이 과정 속에서 지식은 살아 움직입니다. 사전과 세계 사이에서 올바른 정보를 찾기 위해 본인 스스로 추론해야 합니다. 사전은 세계를 축조해 손으로 잡을 수 있게 만든 체계이고, 내가 접하는 세계는 세계의 극히 일부입니다. 사전과 세계 사이의 간극을 내가 인식하고 이해해야 나의 지식이 되는 것입니다. 내가 판단하지 않으면 그건 나의 지식이 아닙니다.

어학사전과 백과사전은 여러 다른 면이 있지만 그래도 큰 공통점이 있습니다. 바로 지식을 누락 없이 집대성하고자 하는 인간의 욕구가 투영된 체계라는 점입니다. 손에 잡히지 않는 세계를 손으로 잡을 수 있게끔 물리적으로 정리한 형태이지요. 그리고 효율적으로 사용하려고 양쪽 모두 가나다순 배열을 선택했습니다. 즉 인간이 만들어 낸 가장 효과적인 지식 정리 체계라는 것이 중요하고 이것이 컴퓨터와 만나 검색 엔진 형태로 변화해 나간 것입니다. 나머지는 뒤에 더 얘기하겠습니다.

4
{ 검색과 사전 }

인터넷이 등장하고 제일 먼저 타격받은 구 미디어 중 하나가 신문입니다. 모두 웹으로 뉴스를 읽기 시작하던 차에 포털이 뉴스를 '사서' 이용자에게 무료로 뿌리기 시작했거든요. 그때 신문사는 포털이 주는 독 사과를 물지 않을 수 없었습니다. 그리고 이제는 '사용자 방문 수'라는 측면에서 포털에 완벽하게 종속된 상태죠. 지금도 신문은 꽤 강력한 매체이지만 20년 전과 비교하면 영향력이 형편없이 줄었습니다. 해외 신문사는 한국만큼 종속되진 않았습니다.

물론 책도 큰 타격을 받았습니다. 신문이 받은 타격과는 조금 다른데, 웹이라는 다른 읽을거리에 밀리기 시작한 것입니다. 쉽게 말해 예전엔 지하철에서 책 읽는 사람이 꽤 있었지만 지금은 다들 스마트폰을 들여다보죠. 책은 이용자의 시간을 확보하는 싸움에서 일방적으로 밀리는 중입니다. 닌텐도와 나이키가 유사한 고객의 한정된 지갑을 동시에 노린다는 점에서 경쟁자라는 현상과 유사한 거죠. 책 출간 종수는 예전에 비해 늘었지만 종별 발행 부수는 매우 줄었습니다. 이제 책은 다품종 소량생산 품목입니다.

그중에서도 가장 압도적으로 충격을 받은 책이 바로 사전입니다. 그 이유는 검색 엔진이 등장했기 때문이고요. 검색 엔진이 처음 등장했을 때 사실 웹에는 쓸만한 자료가 많지 않았습니다. 그래서 쓸 만한 자료를 확보하려고 포털은 종이 사전을 '사서' 웹으로 가공해 배포하기 시작했습니다. 여러 백과사전을 가공했고 또 위키백과와 같은 백과사전이 새로 만들어지기도 했습니다. 웹 사전이 발달할수록 종이 사전의 수요는 줄었지만 시대의 요구를 막을 수는 없었죠.

게다가 스마트폰이 정말 스마트하게 나오면서 웹 사전은 기존의 단말기형 전자사전의 자리도 위협하기 시작했습니다. 10년이 채 안 되어 스마트폰은 디지털 카메라와 전자사전, mp3 플레이어 시장을 완전히 붕괴

시켰죠. 지금 종이 사전이 출간되는 영역은 소수의 고집 있는 출판사의 사전과 어린이용 사전뿐입니다.

그럼 사전은 사라졌을까요? 절반쯤은 사라졌고 절반쯤은 아닙니다. 절반쯤 사라졌다고 한 것은 앞서 적은 것처럼 옛날에 비해 새로운 사전 출간이 거의 이뤄지지 못하기 때문입니다. 절반쯤은 아니라고 한 것은 검색하는 행위가 곧 사전을 찾는 행위와 같기 때문입니다. 우리가 검색 엔진을 쓰고 있는 것은 여전히 정보를 '찾는' 행위를 하는 것과 같습니다. 사전도 검색 엔진도 그 행위를 돕는 도구일 뿐입니다. 사전은 사람이 좀 더 상세하게 가공한 도구이고 검색 엔진은 그보다는 덜 상세하지만 대규모로 찾아볼 수 있게 만든 도구입니다. 정보를 찾는 도구라는 점에서는 동일합니다.

검색 엔진은 책의 색인index 부분을 확장한 시스템입니다. 그럼 색인이 뭔지 알아야겠지요. 조금 두꺼운 인문사회 분야의 책이나 전공 서적은 책 뒤편에 찾아보기가 붙어 있습니다. 이 찾아보기가 바로 색인입니다. 책에 나온 (1) 주요 개념을 나열해 놓고 (2) 그 개념이 등장하는 페이지의 번호를 붙여 둡니다. 이걸 일일이 미리 해 놓으면 독자가 가끔 그 개념 설명이나 관련 페이지를 찾을 때 색인에 표시된 페이지로 바로 이동해서 읽을 수 있습니다.

검색 엔진은 (1) 모든 단어를 나열해 놓고 (2) 모든 웹 페이지의 위치 정보를 찾아 둔 색인입니다. 모아 놓은 모든 웹 문서의 덩어리를 하나의 책이라 가정하고 그 책의 거대한 색인을 만든 것입니다. 그러면 우리는 뭔가에 대해 알고 싶을 때 그 단어를 입력하기만 하면 됩니다. 어떤 페이지에 있든 검색 엔진이 답해 줄 거니까요.

사전은 (1) 주요 단어를 나열해 놓고 (2) 그 개념을 서술해 놓은 색인 책이라고 할 수 있습니다. 검색 엔진은 위치를 알려 주고know-where, 사전은 정보를 요약해 놓은know-how 차이가 있을 뿐 효과는 동일합니다. 그것은 양자가 모두 색인의 확장된 형태이기 때문입니다. 사실 색인은 사전을 추상화해서 나온 개념인 것이고 사람들은 필요에 의해 아주 옛날부터 사전을 만들어 왔습니다. 사전 찾기와 검색은 본질적으로 같은 것입니다. 그래서 저는 "검색이 사전을 삼켰다"고 표현해 왔습니다.

그 때문인지 뭔가를 찾아본다는 행위는 종이 사전을 볼 때보다 검색을 하게 되면서 훨씬 잦아졌습니다. 대화 중 기억 안 나는 영화 제목이 있을 때 출연했던 배우를 떠올려 검색으로 알아냈던 경험, 다들 한 번쯤 있을 것 같네요. 사전이 사라지고 있다지만 사실 검색이 사전을 대체했을 뿐 우리는 매일같이 뭔가를 찾아보고 있습니다. 그뿐 아니라 검색 엔진에서 볼 수 있는 사전 내용의 양도 이전에 비해 훨씬 늘었을 겁니다. 의도했든 우연이든 검색 결과에 사전의 내용이 많이 노출되고 있으니까요. 다만 그 사전의 내용이 너무 오래된 데이터라 안타까울 뿐이죠.

자, 그럼 검색이 이렇듯 활성화되었고 이제 번역까지 인공지능 기계 번역으로 꽤 괜찮게 나오고 있으니 사전은 필요 없어졌을까요. 아뇨, 그렇지 않습니다. 사전은 모르는 내용을 새로 익히기 위한 책이기도 하지만 아는 내용을 다시 한번 정리, 확인하려고 보는 책이기도 합니다. 한국인이 많이 보는 어학사전도 영한사전과 한국어사전의 비율이 다른 사전에 비해 훨씬 높습니다. 영한사전이야 모르는 것을 본다고 쳐도 한국어사전을 많이 보는 것은 신선하죠. 한국인도 한국어를 잘 모를 뿐 아니라 스스로 알고 있는 내용과 사전에 적힌 내용을 비교하면서 비판적으로 읽기 때문입니다. 그리고 그 과정에서 새로운 것을 읽어 내죠.

백과사전도 마찬가지입니다. 검색 엔진에 걸려 나

온 문서들은 방대한 정보를 담고 있지만 그 정보를 읽을 때 우리는 노력을 해야 합니다. 이상한 문서는 버려야 하고, 두서없이 설명된 것에서 필요한 정보를 뽑아내야 하고, 나름의 재정리를 해야 하지요. 이런 번거로운 작업을 이미 거친 후 유의미한 내용 위주로 정리한 글이 바로 백과사전의 항목입니다. 즉 백과사전 항목을 살펴보면 중요한 내용을 한번 훑을 수 있습니다. 최근 이슈나 뉴스에 대해 아무것도 모를 때 위키백과나 나무위키 같은 유사 백과사전에 검색하면 꽤 정리된 내용을 살펴볼 수 있죠. 백과사전 항목은 그래서 읽는 글입니다. 소수가 고생해서 만들어 두면 다수가 덜 고생하며 그 내용을 함께 볼 수 있습니다.

그럼 종이 사전은 버릴까요? 혹시 가져본 적도 없으니 그럴 필요도 없나요? 『고려대 한국어대사전』처럼 책장 한 칸을 모두 차지하는 3권짜리 방대한 어학사전이나, 아예 책장 한 단을 통째로 차지하는 27권짜리 『브리태니커 백과사전』 한국어판을 수시로 펴는 것은 누구에게나 무리일 것입니다. 하지만 어린이와 학생을 위한 『보리국어사전』을 가끔 펴 보면 어른도 재미를 느낄 수 있습니다. 관련 있는 어휘를 모아서 설명한 『우리말갈래사전』은 '아 이런 말도 있었지' 하는 생각이 절로 들게 합니다. 보통 검색은 의문이 생길 때, 찾아봐야겠다는 목적을 가지고 특정한 키워드를 입력해야 합니다. 하지만 종이 사전은 특정한 의문이나 목적 없이도 아무 곳이나 펼쳐서 읽을 수 있습니다. 즉 의도치 않은 우연한 접근이 쉽죠. 오늘날 종이 사전은 찾는 용도만으로는 웹 사전과의 경쟁에서 불리합니다. 이제 우리는 거기서 어떤 재미를 얻을 것인가를 고민해 봐야 합니다.

집이 좁아서 『브리태니커 백과사전』 한국어판을 아버지 댁에 보관 중입니다. 아버지 댁에 가면 매번 그 백과사전 중 한 권을 펴 보는데 읽다 보면 웹 사이트와는 집중도가 다릅니다. 확실히 활자로 읽으면 전체 분량 중에서 내가 어디쯤 읽고 있는지, 지금 읽는 인물이나 사건이 어떤 성격을 가졌는지 하는 것들이 눈에 잘 들어옵니다. 물론 국가 정보라거나 기술 관련 항목은 안 읽습니다. 거의 30년 전 내용이니까요. 하지만 얼마 전부터 관심 가지기 시작한 칸트나 최한기 같은 항목은 읽는 데 큰 문제가 없습니다. 그런 항목은 30년 사이에 해석이 크게 달라진 것도 아니고 또 달라졌다 하더라도 이전과 이후를 비교할 수 있으니 그 나름의 공부가 되거든요.

또한 백과사전을 종이책으로 읽으면 편찬 의도가

읽힙니다. 본문 사이에 들어간 이미지와 삽화도 한눈에 보기 좋도록 배치와 크기를 고려하고 별도로 배치된 참고문헌과 색인은 지식과 지식 사이의 관계를 잘 드러내 줍니다. 물론 이런 장점은 '찾아보기'라는 기능을 검색에 빼앗긴 뒤에 남은 소소한 것입니다. 이런 이유로 『브리태니커 백과사전』을 구해서 보기엔 무리가 있습니다. 하지만 백과사전과 비슷한 방식의 특화된 용어사전을 본다거나 『아틀라스 세계사』(사계절, 2004)처럼 지도로 구성한 역사책 등은 상당히 유용하게 활용할 수 있습니다. 지식을 편집이라는 기술로 재구성하여 인쇄물로 한눈에 보여 주는 것은 웹 사전에서 따라갈 수 없는 장점입니다.

그럼 정리해 보겠습니다. 사전과 검색 엔진은 거의 같은 원리로 작동하는 정보 제공 도구이고, 사전의 방법론을 확대하여 웹 전체를 찾아볼 수 있게 만든 것이 검색 엔진입니다. 이제 웹 전체를 하나의 책으로 간주하여 그 안에서 내용을 뒤질 수 있습니다. 하지만 정보의 영역이 너무 넓어서 그 안에서 정보와 쓰레기를 구분(signal vs. noise)하려면 개인이 너무 많은 시간과 수고를 들여야 합니다. 사전을 잘 만들어야 하는 이유가 여기에 있습니다. 사전을 잘 만들어 내용을 정제해 두면 그만큼 쓰레기더미에서 정보를 찾는 수고를 덜할 수 있기 때문입니다. 종이 사전은 분명 찾아보기에 불편한 물성을 가지고 있지만 가끔 아무 페이지나 넘겼을 때 자극을 주는 특별함도 가지고 있습니다. 그러니 나에게 필요한 종이 사전은 어떤 건지 생각해 볼 필요가 있습니다. 검색의 시대가 되었어도 사전의 효용은 여전히 남아 있습니다.

5

{ 어떤 사전을 선택할 것인가 }

모두가 웹 사전을 사용하는 상황에서 어떤 사전이 더 좋다고 얘기하려니 마치 허공에 대고 외치는 듯한 느낌이 있습니다. 대부분의 사람이 포털 사이트의 네이버 사전이나 다음 사전을 쓸 텐데, 각각 어떤 사전이 그 온라인 사전 서비스의 데이터베이스인지는 모를 것이기 때문입니다. 연구자들조차 네이버 사전에서 정보를 찾으면 주석을 '출처: 네이버 사전'이라고 적는 세상이니까요. 그래도 얘기할 것은 해야 하니 적어 봅니다. 2020년 상황이므로 시간이 지나면 또 많이 바뀌겠지요.

먼저 백과사전의 경우 네이버는 『두산백과사전』

과 『두산사전』을, 다음은 『브리태니커 백과사전』과 『금성사전』을 주요 데이터베이스로 삼았습니다. 대체로 어느 정도 규모가 있는 출판사들의 책이죠. 사전을 서비스하는 포털이 출간 종수가 적은 작은 출판사들과 여러 번 계약을 하면 자료량을 늘리거나 보충할 때, 서비스를 업데이트할 때마다 또 여러 출판사들과 따로따로 계약해야 하는 불편함이 있습니다. 협상도 여러 번 해야 하지요. 이런 이유로 『파스칼세계대백과사전』이나 『민중사전』, 『시사사전』 등은 포털에서 볼 수 없게 되었습니다. 물론 점차 강점을 가진 사전 한두 가지가 추가되거나 교체되면서 양상이 조금 달라졌지요.

한국어사전의 경우 네이버는 『표준국어대사전』을, 다음은 『고려대 한국어대사전』을 데이터베이스로 삼았습니다. 이후 네이버 사전이 『고려대 한국어대사전』을, 다음 사전은 '우리말샘'을 추가했지요. 즉 한국어사전은 네이버도 다음도 관찬 사전 하나와 민간 사전 하나씩을 서비스한 셈입니다. 후에 네이버사전이 '우리말샘'을 하나 더 추가했지만 실상 한국어사전은 어디를 보아도 대동소이합니다. 네이버는 '낱말'이라는 회사가 만든 유의어 사전을 도표로 붙여 놓아 좀 더 편리한 면이 있네요. 중요한 것은 국가가 만든 사전과 민간이 만든 사전을 함께 본다는 감각입니다. 유사하지만 분명히 다른 점이 있거든요.

영어사전은 네이버가 『옥스퍼드 영한사전』과 『능률한영사전』을, 다음은 『금성 영한/한영사전』을 씁니다. 여기까지만 비교하면 네이버가 조금 더 낫지요. 『옥스퍼드 영한사전』은 『Oxford Learner's English Dictionary』(옥스포드 학습자 영어사전)를 번역한 사전으로 한국에서 기존에 통용되던 영한사전에 비해 뜻풀이가 간결하면서도 직관적입니다. 또 『능률한영사전』은 기존 한영사전이 선행 사전의 오류를 대대로 베껴 왔던 나쁜 관습과 과감히 결별하고 최대한 쉽게 풀어쓴 사전입니다.

그런데 다음 영어사전은 주요 번역어를 추출하여 그 사용 빈도순으로 예문을 재배치했다는 차별점이 있습니다. 즉 더 많이 쓰이는 의미(번역어)가 더 위에 위치해 더 먼저 보이고, 예문 역시 의미별로 모아서 보여 주는 형태를 띠고 있습니다. 언어 학습의 핵심이 문장 내에서 단어(언어)의 사용 방식을 얼마나 익히는가에 있다는 사실을 생각하면 이것은 매우 중요한 기능입니다. 앞서 어학사전의 꽃은 예문이라고 강조했죠. 예문이 수없이 등장하지만 그것이 분류되어 있지 않으면 사용자는 단어가 자기가 원하는 의미로 쓰인 예문을 찾기 위해 여러 다른 예문을 계속 읽어야 합니다. 이건 정말 소모적입니다. 그 점에서 다음의 영어사전은 굉장히 유용합니다. 이 예문 분류 방식은 전 과정이 기계적이고 사람이 개입하지 않습니다. 어떤 예문 말뭉치를 넣느냐에 따라 색다른 사전이 나올 수 있다는 의미입니다. 신문 예문들을 넣으면 시사상식 영어사전이 될 것이고 문학 작품의 예문들을 넣으면 문학 영어사전이 될 겁니다. 누군가 힙합 가사를 1만 곡 이상 번역해 넣으면 힙합 영어사전도 될 수 있지요.

한자사전은 네이버가 'e한자사전'이라는 온라인 사전 업체의 것을 쓰고 다음은 『금성한자사전』을 저본으로 합니다. 'e한자사전'이 더 방대해서 저는 주로 네이버를 사용합니다. 단국대학교 동양학연구소에서 펴낸 『한한대사전』이 현재 세계 최대 규모의 한자사전인데 이것이 네이버 한자사전에 포함되면 정말 좋겠지요. 지금 단국대의 『한국 한자어사전』이 제공되고 있으니 추가 포함을 기대해 봅시다. 다음 사이트의 한자사전에는 요소 검색이라는 재미있는 기능이 하나 있습니다. 한자의 부수 체계를 좀 더 확장한 방식으로 학계에서는 '다중부수multi radical 방식'이라고도 알려져 있습니다. IT

환경에서는 한자사전에서도 이런 접근이 가능하구나, 하고 자극받을 수 있습니다.

중국어사전은 네이버가 교학사, 고려대, 흑룡강조선민족출판사, 에듀월드 등 다양한 곳의 사전을 서비스하고 있으니 비교해서 보기 좋을 것입니다. 에듀월드의 사전은 연세대학교 출판부에서 종이 사전으로 출간한 책으로 2020년 현재 가장 최신의 중한사전입니다. 다음에서는 고려대민족문화연구원의 『한중사전』만 서비스합니다.

일본어사전은 다음은 『코지엔 일한사전』과 금성의 『뉴에이스 한일사전』을 , 네이버는 민중서림의 『엣센스 일한사전』을 이용합니다. 『코지엔 일본어사전』은 일본에서 국민 사전으로 평가받고, 그것을 한국어로 번역한 것이 『코지엔 일한사전』입니다. 둘 중에서는 더 볼 것도 없이 다음을 사용하는 것이 낫습니다. 다른 언어는 네이버가 신경을 많이 쓰는데 유독 일본어만큼은 그러지 못하는 느낌입니다. 사실 일한, 한일사전은 발전할 여지가 많습니다. 일본에 워낙 좋은 일본어사전이 많고, 조선총독부가 만든 사전과 오사카외국어대학교 조선어연구실에서 만든 『조선어대사전』(한일사전) 등과 같은 옛날 사전도 다양하게 남아 있으니까요. 이

것들을 제대로 집대성하고 현재의 의미를 담으면, 좋은 일한·한일사전을 만들 수 있겠죠. 누가 돈을 낼 것인가, 하는 가장 어려운 문제가 해결된다면요.

그 외에 다른 외국어 사전은 네이버가 낫습니다. 2014년까지만 해도 네이버에서는 소규모 출판사의 외국어 사전을 서비스했고 다음에서는 2013년부터 한국외국어대학교의 사전을 서비스하여 다음이 좀 더 우위에 있었지만 지금은 네이버도 한국외국어대학교의 사전을 함께 제공해서 언어의 개수와 내용 분량에서 다음보다 낫습니다. 특히 독일어, 프랑스어, 스페인어 등 주요 외국어에서 네이버가 더 강세입니다.

백과사전은 네이버 지식백과 쪽이 표제어 개수와 분량에서 압도적입니다. 기존 출판물을 이 정도로 방대하게 모아서 서비스하는 나라는 세계적으로도 거의 없습니다. 서비스의 품질도 꽤 좋습니다. 하지만 제가 생각하는 한국어로 된 가장 훌륭한 백과사전은 『브리태니커 백과사전』한국어판인데 이것은 다음 포털 사이트에서만 서비스 중입니다. 다음백과의 내용은 지금도 기존 브리태니커 집필진이 꾸준히 업데이트하고 있습니다. 급할 땐 네이버 지식백과를 찾아보더라도 차분하게 내용을 읽을 필요가 있을 때는 다음백과를 권합니다. 특히 서구권 항목을 살펴볼 때 유용합니다. 우리에 겐 덜 알려졌지만 유럽에서 중요하게 여기는 항목을 브리태니커는 꽤 충실하게 다루고 있거든요. 이것은 데이터베이스가 되는 저본의 차이에서 옵니다. 각각 콘텐츠를 다루는 성격이 다르기 때문이죠.

추가로 종이책으로만 출간되는 사전을 조금 언급해 보겠습니다. 어린이 사전이 대표적인데 어린이용 한국어사전 중에서는 『보리국어사전』이 좋은 평가를 받습니다. 보리출판사는 기존에 냈던 책 다수가 우리말을 살려 쓰는 내용이 많았고 각종 세밀화 도감류 등을 포함하고 있어서 초·중등 학습사전을 내기에 최적인 회사입니다. 그리고 그 장점이 고스란히 반영된 사전이지요. 어른이 보기에도 마음이 편안해지는 책입니다.

영한사전 중에서는 『콜린스 영한사전』과 『롱맨 영한사전』이 참고할 만합니다. 『콜린스 영한사전』은 뜻풀이를 해당 단어가 포함된 문장으로 쓰는 시도를 해서 좋은 평가를 받았습니다. 『롱맨 영한사전』은 『옥스퍼드 영어사전』과 함께 가장 많이 팔리는 사전이었고요. 영어 학습자 사전 중에서 정평이 있는 것들이 한국어로 번역된 적이 꽤 있습니다. 제가 제일 편하게 봤던 것은 역시 『옥스퍼드 영한사전』과 그 저본인 『Oxford

English Dictionary』(옥스퍼드 영어사전), 이 두 가지가 아니었나 싶네요.

한국어사전 중에서는 『우리말 갈래사전』이 책으로 붙잡고 볼 만합니다. 이건 도서관의 십진분류체계처럼 우리말을 계통에 따라 분류한 것입니다. 다시 말하면 제사 용어, 과일명, 친족 용어 이런 식으로 갈래를 만들고 그 안에 단어를 모아 놓았지요. 편찬된 지 좀 오래되었지만 박용수의 『우리말 갈래사전』과 최경봉의 『우리말 관용어 사전』이 유익합니다.

그리고 『외국인을 위한 한국어 학습사전』은 한국어 기초어휘를 외국인도 활용하기 좋게 최대한 풀어쓴 사전인데 이게 제가 보기엔 상당히 훌륭합니다. 『표준국어대사전』이나 『고려대 한국어대사전』 등은 모두 한국어가 모국어인 사람을 가정하고 서술한 사전이므로 조금 불친절한 면이 있거든요. 그런데 『외국인을 위한 한국어 학습사전』은 외국인을 독자로 쓴 책이다 보니 꽤 자상해서 초·중등생이 봐도 편하게 읽을 수 있습니다. 한국인은 의문을 가지지 않을 것에 대해서도 여기저기서 언급해 주고 있어 오히려 한국인이 보면 '아 이런 걸 외국인들은 특이하게 생각하는구나' 하고 배울 점도 있습니다. 이 사전은 지금 웹에서 서비스하지는 않습니다.

그 외에는 수없이 많은 방언사전과 시어사전, 문학어사전이 있습니다. 그리고 철학사전, 문헌정보학사전 등의 전문 용어 사전도 있습니다. 이것은 필요에 따라 선택해서 보면 되니 딱히 추천할 필요는 없을 것 같습니다.

우리 입장에서 보면 일종의 방언사전이라 할 수 있는 북한의 『조선말대사전』 같은 것은 한 번씩 찾아보고 싶다는 생각이 듭니다만, 현재 공식적인 경로로는 볼 수 없습니다. 몇몇 도서관에서 소장 중이라니 도서관에 가면 사전 분류 코너에서 찾아보세요. 사전은 궁금할 때 즉시 찾아보아야 하니 접근성이 중요한데 그것이 좀 불편하니 유감입니다. 제 소망은 북한에서 만든 『조선말대사전』을 웹에서 보는 것입니다. 2007년 판이 세 권이었는데 2017년에 개정되어 네 권짜리로 대폭 늘어났다고 합니다. 함께 사전을 만드는 것도 중요하지만 일단 서로의 말이 얼마나 달라졌는가를 확인하는 것이 먼저니, 검색으로 남쪽 사전과 북쪽 사전을 한 번에 볼 수 있는 서비스를 만들어 보고 싶습니다.

2005년에 본격적으로 남북이 『겨레말큰사전』을 공동편찬하기로 합의했지만 그간 남북관계가 경색될

때마다 사전 작업도 멈추었지요. 지금도 공동 작업은 잠시 중단된 상황이지만 남북공동편찬사업회에서는 좀 더디어도 작업이 진행되고 있습니다. 출간되면 기존의 사전과 함께 꼭 살펴봐야 할 사전이 될 것입니다. 얼른 통일이 되어서 『조선말대사전』도 편하게 살펴보고 『겨레말큰사전』도 완간이 되면 좋겠습니다.

와, 적고 나니 사전이 꽤 많네요. 큰 의미는 없지만 위에서 살핀 결과를 기준으로 사전 고르는 방법을 정리해 볼까 합니다. 일단 웹 사전은 네이버 사전과 다음 사전 양쪽을 함께 사용하세요. 둘 사이에 차이점이 꽤 많아서 한쪽을 보다가 뭔가 부족하다 싶으면 다른 쪽을 함께 볼 필요가 있습니다. 그리고 구글 검색도 일종의 사전으로 간주하고 항상 함께 해 보기 바랍니다. 최상단에 사전이 나오는 경우가 많고 외국 사전들이 나오기도 합니다. 또 대형 데이터베이스 결과물도 잘 검색해 주니까요. 영화라면 'IMDB', 음반이라면 'discogs' 등 영역별 전문 데이터베이스가 있습니다. 사전류를 검색하면서 아쉬운 점은 검색 키워드와 관련이 적은 검색 결과를 어느 정도 걸러 주는 기능이 부족하다는 것입니다. 네이버 지식백과는 수천 종의 책을 검색해 주므로 많은 부실한 사전도 함께 검색됩니다. 어떤 것들은 정말 안 보고 싶은 무관한 내용인데 걸러지지 않네요. 이런 기능은 좀 만들어 줬으면 합니다.

종이 사전을 고른다면 일단 출판사와 편집진 이름을 확인해 봐야겠지요. 워낙 제작비가 많이 들어가는 책이므로 소규모의 영세한 출판사에서는 제대로 만들 수가 없습니다. 그리고 출간 시점을 봐야 합니다. 전문 용어 사전처럼 최신성이 필요한 사전이라면 출간일이 너무 오래된 것은 곤란합니다. 하지만 『삼국지 인물 사전』이라거나 『문학 용어사전』처럼 좀 오래되어도 큰 지장이 없는 사전도 있습니다. 그런 경우라면 오래된 것이 더 재미있을 수도 있습니다. 그다음엔 흥미를 고려하여 선택하면 됩니다. 저는 연표와 지도가 포함된 역사사전류를 좋아합니다. 지식이 재편집된 책은 내 머릿속 지식의 재배열을 도와주기 때문입니다. 옛날 사전일 경우 문장을 조금 읽어 보고 고르세요. 영어권이나 일본 쪽에서 나온 사전을 이상하게 번역해서 대충 출간한 것이 꽤 있습니다.

사전 선택에 관해 두서없이 적었습니다. 읽을 만한 사전도 많지만 업데이트가 되지 않고 지난 세기에 만들어져 아직도 고리타분한 내용을 담고 있는 사전이 함정처럼 곳곳에 있습니다. 적어도 자신이 보고 있는 사전이 무슨 사전인지는 알고 읽거나 인용할 필요가 있는 거죠. 다른 건 모르겠고 제발 '출처: 네이버 사전' 이렇게 적지만 말아 주세요. 네이버는 사전 내용에 관여하지 않습니다. 단지 웹 서비스로 제공할 뿐입니다. 그건 마치 내가 블로그에 남긴 글을 누군가 인용하면서 출처를 '네이버 블로그'라고 표기하는 것과 같습니다. 여러 번 강조했지만 사전은 못 미더운 책입니다. 언제 편찬된 어떤 사전의 내용인지, 그 사전의 성격은 어떤 것인지를 알고 사용해야 합니다. 여기까지, 2020년 현재 가장 대표적인 포털 사이트인 네이버와 다음에서 제공하는 사전이 어떤 사전을 데이터베이스로 삼아 서비스 중인지 간단히 소개해 드렸습니다.

6

{ 사전의 뜻풀이와 예문 }

사전은 무엇으로 이루어져 있나요? 항목명과 본문으로 이루어져 있습니다. 사실 사전뿐 아니라 세상 모든 문서가 제목과 본문으로 이루어져 있죠. 그리고 제목은 본문을 압축해야 합니다. 저는 이를 머리와 몸통이라고 생각합니다. 몸통까지 붙잡고 한 번에 뭘 하려면 번거로우니 대체로 머리를 다루게 되지요. 그런 점에서 '인구'ㅅㅁ라는 말은 재미있습니다. 사람을 헤아릴 때 입의 개수로 세는 겁니다. 사람은 먹어야 살고 먹는 데 쓰는 기관이 입이니, 사람을 어떻게 살릴 것인가 고민하면서 입을 세기도 하는 거겠죠. 사람들이 가끔 "나한테 지금 딸린 입이 몇 개인데 놀겠어, 일해야지!"라고 말할 때의 그 '입'입니다. 입은 머리에 있고요.

사전 본문에는 크게 무엇이 있을까요. 백과사전이라면 항목에 대한 설명이 상세히 있을 것입니다. 그 설명은 연대기적이기도 하고 논설문 같은 형태일 수도 있습니다. 중간에 삽화나 도표가 있을 수도 있지요. 그래도 모든 항목의 공통된 형태라면 결국 서술된 글 하나는 있다는 것입니다. 내용에 따라 글이 조금 짧기도, 길기도 하겠습니다만.

어학사전에도 이런저런 요소가 많습니다. 발음기호, 품사, 어원, 문법 설명, 어법 설명 등 다양하죠. 이런 것을 사전학에서는 미시 구조라 부릅니다. 항목 내의 요소를 두루 부르는 명칭이지요. 하지만 이런 미시 구조는 항목마다 반드시 있는 것은 아니고 있기도 하고 없기도 합니다. 모든 사전 항목에 필수적인 요소는 뜻풀이와 예문뿐입니다. 예문이 없을 수도 있지만 예문 없는 항목을 보면 아무래도 좀 가려운 느낌이 있습니다. 실제로 그 단어가 어떻게 쓰이는가를 예문을 통해 명확하게 보았을 때 가려운 곳을 긁어 주듯 명쾌하게 머릿속에 잘 들어옵니다. '아, 이렇게 쓰는구나' 하고 이해하는 것이지요. 아니, 더 나아가 저는 좀 더 본질적인 건 예문이라고 생각합니다. 예문만 있으면 뜻풀이가 없어도 무슨 뜻으로 쓰이는 말인지 추정이 가능합니다. 어차피 뜻풀이는 다수의 예문을 통해 사전 편찬자가 기술한 해설이니까요.

사전의 예문에 대해서는 다들 중요하다고 생각하면서도 정작 무엇이 좋은 예문인가 하는 고민은 좀 부족한 감이 있습니다. 사전 편찬에 관한 논문을 보면 사전의 문법적인 요소나 음성학적인 요소 등 다른 미시구조 쪽으로 많이 몰려 있거든요. 사실 사전 예문이라는 것이 어떠해야 한다고 말하는 것이 가능한가 싶기도 합니다. 하지만 좋은 글이 뭐냐를 얘기할 수 있으니 좋은 문장이나 예문이 뭐냐는 것을 따지는 것도 가능하겠지요. 사전을 편찬하는 입장이라면 물론 무엇이 좋은 예문인가를 고민해야 합니다. 되도록 쉬운 단어로, 최대한 일반적인 용례로, 지나치게 장문이 아닌 문장으로…… 등등 여러 기준이 있습니다. 하지만 독자 여러분은 읽는 입장이니 또 다르겠지요.

앞서 어학사전의 꽃은 예문이라고 여러 번 강조했습니다. 예문에 대한 제 관점은 '많이 봐야 한다'입니다. 그 단어가 쓰인 예문을 한참 읽으면 머리는 그 예문의 더미 안에서 공통점을 뽑아 이해합니다. '아 이렇게 쓰는 것이었구나' 하고 말이죠. 그건 일일이 설명하지 않

아도 알 수 있습니다. 외려 설명 부분이 너무 구구절절
하고 걸리적거리기도 합니다. 이해하기 어려울 때도
있고요. 구양수가 다독多讀, 다작多作, 다상량多商量이라
고 한 것처럼 일단 많이 읽는 것이 우선입니다. 많이 읽
기만 하면 나머지는 당신의 좋은 머리가 해결해 줍니
다. 알고 보면 머리는 다들 좋아요. 안 읽어서 이해를 못
하는 것입니다. 아, 저도 갑자기 찔립니다.

　『고려대 한국어대사전』 '먹다'의 여러 뜻풀이 중 몇
가지에 딸린 예문을 한번 보겠습니다. (ㄱ), (ㄴ), (ㄷ),
(ㄹ)에는 개별 뜻풀이가 달려 있고 뜻풀이별로 예문도
여럿 달려 있습니다.

　7. (사람이 재물 따위를) 제것으로 하여 가지거나 차지
하다.
　(ㄱ) 이 땅은 니가 먹어라.
　(ㄴ) 똥개도 밥을 주면 똥을 싸는 법인데 형님은 받을
건 다 받아먹고 왜 소식이 없소?
　(ㄷ) 월급쟁이 생활이 그렇지, 그럼 남의 돈 먹기가 그
렇게 쉬울 줄 알았냐?
　(ㄹ) 남는 이익의 4는 네가 먹고 6은 내가 먹기로 하자.

8. (사람이 꾸지람이나 욕, 핀잔 따위를) 남에게 듣다.

(ㄱ) 그녀는 아버지에게 심하게 핀잔을 먹고 나더니 생활 태도가 달라졌다.

(ㄴ) 두 학생이 한 시간 내내 떠들더니 결국 기합을 먹었다.

9. {비유적으로} (사람이 남의 것을) 빼앗아 제 소유로 하다.

기마병을 앞세운 몽고군은 인근 부족 국가들을 다 먹어 치웠다.

　살펴보면 뭔가 미묘하게 다르면서도 비슷해요. '7. (ㄱ)'에 해당하는 의미와 '9'에서 말하는 의미는 다른 걸까요? '7. (ㄷ)'과 '7. (ㄹ)'도 꼭 구분해야 할까요? 하지만 뉘앙스를 생각해 보면 열심히 잘 구분해 준 것 같기도 합니다. 구분할 수도 있고 안 할 수도 있다면 사전에서는 최대한 구분합니다. '8. (ㄱ)'과 '8. (ㄴ)'은 큰 범주에서는 "꾸지람이나 욕, 핀잔 따위를 남에게 듣는" 것을 의미하지만 '8. (ㄴ)'은 "(사람이 어떤 처벌을) 자신의 잘못 때문에 당하다"는 의미로 구분하고 있습니다.

　다른 관점을 적용할 수도 있을 것입니다. 저는 물리

적으로 구분되는 것을 좋아합니다. 저라면 이렇게 나눠 볼 것 같아요. 대괄호 부분은 제가 요약해 본 뜻풀이입니다.

먹다 [섭취하다]
먹다 [차지하다]
먹다 [강탈하다]
먹다 [당하다]
먹다 [스며들다]

그런데 적고 나니 『고려대 한국어대사전』에서 구분한 것과 큰 차이는 없어 보입니다. 저도, 『고려대 한국어대사전』도 유의어를 이용해 의미 구분을 시도하고 있지만 『고려대 한국어대사전』이 더 열심히 구분한 것이지요. 역시 어렵습니다. 그럼 다른 시도를 해 볼까요.

먹다 [밥을/빵을] (320만)
먹다 [돈을/뇌물을] (250만)
먹다 [기름이/풀이] (10만)
먹다 [핀잔을/욕을] (1만 이하)

사실 비슷한 방식인데 어떤 단어들과 함께 오는지를 빈도로 추적해 보는 것입니다. 함께 잘 다니는 단어들을 '공기共起 관계'에 있다고 합니다. 거의 함께 다니는 단어들은 '연어連語라고 부르죠. 영어 공부할 때 숙어, 관용구라고 부르던 것을 좀 더 넓게 포괄하는 말입니다. 물론『고려대 한국어대사전』도 빈도를 고려하여 뜻을 배치한 것이고 위쪽에 있을수록 더 많이 사용되는 의미입니다. 대사전 특성상 최대한 많은 뜻을 사전에 담으려고 저빈도 의미에도 영역을 많이 부여한 것이죠. '주먹을 먹다', '핀잔을 먹다'는 사용 가능한 표현이지만 실제로 거의 용례를 발견하기 어렵습니다. 이런 예까지 모두 적어 주는 게 나을 것인가 하는 데는 의문이 듭니다. 사전은 편찬자의 관점에 따라 달라지는 것이고 말은 어떻게 묘사해도 손가락 사이로 빠져나가는 것이니까요. 중요한 건 일관된 기준으로 1만, 10만, 50만 단어를 기술할 수 있는가, 하는 의지와 재력의 유무입니다.

예문을 봤으니 뜻풀이도 봅시다. 사전의 뜻풀이야말로 사전 편찬자가 심혈을 기울이는 부분이면서 또 태만하기 그지없는 부분입니다. 뜻풀이를 어떻게 쓰느냐에 따라 사전의 성격이 달라집니다. 보통은 사전 특유의 간결하고 건조한 문체를 사용합니다. 그리고 간결하고 건조하다 보니 사전마다 뜻풀이가 대동소이합니다. 대동소이하니 서로 베끼는 일이 비일비재하고요. 결국 오류가 오류로 이어지고 베낀 걸 또 베껴서 과연 무엇이 무엇을 베낀 것인지 알 수 없는 지경까지 옵니다. 출간하면 그래도 수익이 났던 20세기의 사전들은 수익은 빨리 거두고 제작비는 최대한 아끼려고 서슴지 않고 서로 베껴 왔습니다. 이 문제는 여러 차례 지적되었어도 정말 오래도록 고쳐지지 않던 업계의 고질이었습니다. 사전에는 개인성이 덜 드러나므로 무비판적으로 베끼자는 유혹에 빠지기 쉬웠지요. 말에 주인이 있는 것도 아니니까요.

그런가 하면 단어를 풀이할 때 더 쉬운 단어로 설명해야 한다거나 풀어내지 못하고 다른 단어만 제시하면 안 된다는 원칙을 다들 알면서도 어렵다는 이유로 그만 손쉬운 순환 정의(돌림풀이)의 유혹에 빠지고 맙니다. 예를 들어 '남자'를 '여자가 아닌 인간'으로, '여자'를 '남자가 아닌 인간'이라는 식으로 풀이해 버리면 이런 설명으로는 아무것도 알 수가 없습니다. 그런 순환 정의가 사전에 차고 넘칩니다.

그래서 이런 개미지옥에서 빠져나오려는 시도를 한 사전들이 있습니다. 영어사전은 미국에 비해 영국

쪽에서 좋은 사전이 많이 나왔는데 그중에서도 특히 개성 있는 것이 『콜린스 코빌드 사전』입니다. 『콜린스 코빌드 사전』은 단어를 설명하면서 그 단어가 포함된 문장으로 풀어내곤 합니다. 즉 뜻풀이가 예문의 형태로 작성되어 그 자체를 설명하게끔 만든 것이지요. 이런 방식의 뜻풀이는 읽는 사람에게 그 뜻풀이를 여러 번 읽게 합니다. 한 번 쓱 이해하고 넘어가면 금방 잊어버리지만 이렇게 의미를 차근차근 풀어쓴 걸 곱씹으면 아무래도 좀 더 오래 기억하게 되죠. 기존의 영어사전과는 완전히 다른 형태의 개성이라 콜린스는 옥스퍼드와 롱맨, 케임브리지가 과점하는 영어사전 시장에 균열을 낼 수 있었습니다. "옥스퍼드와 콜린스를 함께 보라"는 평이 나기도 했지요.

예를 들어 영어 단어 'sad'의 뜻풀이를 비교해 보면 콜린스 쪽이 더 자상하고 문장 속에서 자연스럽게 설명되는 것 같습니다.

not happy, especially because something unpleasant has happened. (롱맨 사전)
If you are sad, you feel unhappy, usually because something has happened that you do not like. (콜린

스 사전)

unhappy or showing unhappiness. (옥스퍼드 사전)

일본에는 『신메이카이 국어사전』이 있습니다. 이 사전은 뜻풀이에 편찬자의 사적인 감정을 담는 것을 지향했습니다. 사전에 인격과 해석이 가미된 것이지요. 그래서 사전의 성격이 명확하게 드러났습니다. 이 사전의 뜻풀이를 읽은 사람은 해당 항목에 대해 나름의 관점으로 들여다보게 됩니다. 이 사전은 처음에는 찬반양론에 휩싸였지만 점차 이 사전이 가진 대안적인 성격이 계속 사랑을 받아 일본에서 가장 잘 팔리는 사전 중 하나가 되었습니다. '범인'이라는 단어의 뜻을 비교해 볼까요.

범인[2] (凡人) 평범한 사람. (고려대 한국어대사전)

범인[1] (凡人) 평범한 사람. (표준국어대사전)

ぼんじん [凡人] 특별히 뛰어난 데가 없는, 보통 사람. / 신분이 낮은 사람. 평민. (코지엔 일한사전)

ぼんじん [凡人] 스스로 높이려는 노력을 소홀히 하고, 성공하여 이름을 날려 보려는 생각도 안 하고, 타인에 대해 영향력을 전혀 가지지 못한 채 삶을 마감하

는 사람. (신메이카이 국어사전)

『고려대 한국어대사전』도 『표준국어대사전』도 뜻풀이가 평범합니다. 코지엔은 보통 사람이라고 풀었습니다. 문제없이 평이하게 풀어냈으니 이 평범한 사전들은 범전(?)이 되겠군요. 그에 비해 『신메이카이 국어사전』은 신랄하기 그지없는 풀이를 해 버립니다. 저는 영평범하지조차 못해서 '아, 평범한 삶이 보통 힘든 게 아니구나' 생각하지만 『신메이카이 국어사전』의 저 풀이는 많은 평범한 사람의 옆구리를 푸욱, 깊게도 찌릅니다. 『신메이카이 국어사전』은 호평과 함께 비판도 많이 받았습니다. 너무 신랄하고 개성이 강하다 보니 단어 자체에 집중하게 하는 사전의 미덕이 부족하다고 말할 수도 있으니까요. 다른 사전보다 『신메이카이 국어사전』이 훌륭하다고 이야기하는 것이 아닙니다. 사전마다 존재의 의의가 좀 달라야 하지 않겠냐는 말을 하고 싶습니다. 한국의 사전은 적어도 그 지점에서는 일본의 사전에 비해 노력을 안 했습니다. 지금처럼 사전이 외면받는 시대에는 각 사전의 개성이 더욱 필요합니다. 보는 사전에서 읽는 사전으로 넘어가야 합니다.

어쨌거나 여러분은 사전을 읽는 입장인데요, 사전

을 볼 때는 뜻풀이를 비판적으로 읽어야 합니다. 왜 이렇게 간략하지? 첫 번째와 세 번째의 뜻은 거의 같은 거 아닌가? 하는 식으로 의문을 가져야 한다는 얘기입니다. 사전 편찬자들은 너무 객관에 집착한 나머지 계속 미시적으로 분석을 해서 종종 과하게 나누어 정리하는 나쁜 습성이 있습니다. 그리고 앞서 나온 사전들에 오류가 있더라도 뭔가 이유가 있겠거니 하면서 그것을 과감하게 정리하지 못하는 소심함까지 있죠. 앞에 잠시 언급한 것처럼 꽤 많은 사전이 과하게 뜻갈래를 나누어 서술합니다. 그 서술을 읽고 이해하는 것까지는 좋지만 무비판적으로 수용할 필요는 없다는 얘기입니다. 그보다는 적당히 받아들이고 적당히 거부하는 감각이 필요합니다. 계속 강조합니다만, 사전은 '아주 믿을 만한 책'까지는 아니니까요.

사전은 너무 타협을 많이 하면서 만든 글이므로 그 과정에서 핵심이 사라지는 경우도 꽤 있습니다. 그리고 어떻게 보면 항상 시대에 뒤떨어질 수밖에 없는 글이므로 고리타분한 내용도 많습니다. 최근 십 년 사이에 페미니즘적 사고가 확산하면서 기존 사전의 뜻풀이가 얼마나 전근대적이고 오류에 빠진 인식을 바탕으로 한 것인지 눈에 띄기 시작했습니다. 오류가 눈에 띄면 그 내용에 대해 비판하고 수정을 요구할 수 있습니다. 그래야 우리 시대의 사전을 만들 수 있으니까요. 사전은 만들어지던 시기의 언어를 찍어 생생한 사진으로 남깁니다. 마치 찰칵, 하고 기록하는 카메라처럼요. 그 사진을 모으면 역사가 됩니다. 그래서 사전을 시대순으로 두고 보면 언어의 역사가 보입니다.

7

{ 위키백과와 나무위키 }

한국의 대표적 백과사전 연구자인 장경식은 위키백과와 나무위키를 유사 백과사전으로 정의합니다. 여기에는 몇 가지 함의가 있지요. (1) 백과사전의 형식을 빌려왔지만 백과사전은 아니라는 것, (2) 백과사전은 공급자가 정확성에 대해 최소한의 책임을 지는 형태이지만 유사 백과사전은 어떤 보장도 하지 않으므로 소비자가 모든 위험을 감수해야 한다는 것, (3) 유사 백과사전은 백과사전에서 다루지 않거나 않을 법한 내용도 다수 다루고 있다는 것 등이 그러합니다. 그는 백과사전이 유사 백과사전의 등장에 자극을 받고 변화해 나가야 한다고 주장하며 저 또한 그의 주장에 적극 동조합니다. 전통적 백과사전은 이 유사 백과사전의 등장 이후 사실 별다른 대응을 못했습니다.

사용자 참여형 백과사전의 선두주자로 꼽히는 위키백과와 나무위키에 관해 간단히 정리해 보겠습니다. 이 두 백과에는 '위키'wiki라는 말이 들어 있죠. 위키 방식으로 편집하기 때문입니다. '위키위키'wiki wiki는 하와이말로 빨리빨리라는 뜻입니다. 위키 방식은 아주 단순하게 얘기하면 주인이 따로 없는 공동 문서를 사용자들이 빨리빨리 서로 수정해 나가는 형태의 글쓰기입니다. 내가 쓴 글도 내가 주인이 아니고 그걸 다른 누가 고쳐도 역시 그가 주인이 되는 것은 아닙니다. 주인이 없다는 저작권 형태에 동의하지 않으면 위키 방식으로 글을 써서는 안 됩니다. 지식 공유의 경계를 지우기 위해서는 주인이 없어야 했습니다. 이 저작권 형태를 '창조적 공유 저작권'creative commons license이라고 부르며 보통은 'CC'라고 줄입니다. 위키백과는 'CC BY-SA 3.0'이라는 형태를 유지하고 있습니다. 나무위키는 'CC BY-NC-SA 2.0'입니다. 차이는 개별 위키 페이지에서 살펴볼 수 있습니다.

사람들이 가장 우려하는 것은 누가 그 글을 망치면 어쩌지, 하는 걱정입니다. 누구나 수정할 수 있으니 언제나 문서가 망가질 우려가 있지요. 위키 방식에서는 문서가 수정되면 관련자들이 그 변경된 내용을 언제든지 볼 수 있습니다. 그래서 누군가가 문서를 많이 고치면 뭘 고쳤나 확인하게 되죠. 그 확인 과정을 통과하면 그냥 두는 것이고 통과하지 못하면 수정한 부분을 되돌리거나 틀린 부분만 따로 수정하는 것이 가능합니다. 학계에서 연구자들이 수행하는 논문 동료 평가peer review라는 과정이 있는데 위키 방식에서는 단순 동료 평가를 수없이 반복하는 셈입니다. 학계에서는 학위 소지자와 전문가에게 동료 평가를 맡겨 신뢰도를 확인하지만 위키 방식에서는 불특정 다수가 여러 번의 동료 평가를 통해 신뢰도를 확인합니다. 결과는 성공이었고요. 이 방식으로 위키백과는 전 세계 10위권의 사용자 방문 수를 감당하는, 인간이 만든 가장 방대한 규모의 단일 형식 문서가 되었습니다. 어마어마한 지적 자산입니다.

위키백과는 어떻게 지식을 그렇게 체계화시킬 수 있었을까요? 먼저 영어 위키백과에 사람들이 엄청나게 모여 들었죠. 모여서 열심히 정보 업데이트에 기여하다 보면 누군가 아이디어를 냅니다. '이런 음악가 항목에는 음반 목록이 표로 정리되면 좋겠다' 하는 식으로요.

그럼 다른 누군가가 '이렇게 보여 주면 어때?' 하고 표를 만들어 올립니다. 이후 그 표는 영어 위키백과 내 모든 음악가 항목으로 퍼져 나갑니다. 하단의 둘러보기 표와 오른쪽의 정보 상자, 사이드 바 등은 그런 방식으로 생성되고 확대되었습니다. 그렇게 영어 위키백과는 지식을 백과사전다운 형식에 맞추어 체계화시켰습니다.

그리고 한국어 위키백과가 만들어집니다. 한국어 위키백과는 처음에는 내용이 부족해서 영어나 다른 언어로 작성된 내용을 번역하거나 한국의 백과사전을 참조하여 만들었습니다. 백과사전다운 형식은 영어판에서 가져왔습니다. 그리고 각 언어판의 동일 항목은 '인터위키'라는 링크로 연결되어 있습니다. 즉 백과사전이라는 틀이 만들어진 상태이니 내용만 채우면 되는 것입니다. 내용이 빈약하면 서로 다른 언어판에서 번역합니다. 지식은 많이 쌓인 곳에서 적은 곳으로 흘러내립니다. 2020년 기준으로 영어판 600만 개, 한국어판 50만 개 이상의 글이 수록되어 있습니다. 아직도 흐를 지식이 많이 남아 있습니다. 이렇게 구조가 체계적으로 짜여 있어서 위키백과는 사전다움을 유지할 수 있습니다.

그럼 왜 위키 방식의 문서가 생성되는가, 왜 얻는

것도 없는데 사람들이 수고를 기여하느냐는 궁금증이 생기죠. 내가 짧게 작성해 둔 것을 누군가 수정하고, 그 수정한 내용을 내가 확인할 때의 기분은 묘합니다. 누가 고맙게도 내가 쓴 것을 보강해 줬구나, 나 말고도 이 주제에 관심 있는 사람이 있구나, 내가 너무 부실하게 작성해서 누군가를 번거롭게 했구나, 하는 여러 가지 생각이 다양하게 듭니다. 그러다 보면 내가 뭔가 좀 더 기여해야 하는 것 아닌가 하는 의무감도 생기고요. 내가 기여한 부분이 다른 동료의 평가를 버티고 살아남으면 그것은 동료에게 인정받은 셈입니다. 이 무형의 심리적 효과가 생각보다 큽니다. 내 기여분에 대한 자부심도 생깁니다. 위키백과의 경우는 누구의 것도 아닌 내용을 쌓아 나간다는, 인류 공동의 자산에 기여한다는 이상적인 측면 때문에 사용자가 헌신하기도 하죠.

위키백과가 백과사전을 지향하므로 좀 뻣뻣하다는 느낌을 주는 데 비해 나무위키는 백과사전보다는 더 사소하거나 흥미로운 소재를 다루므로 재미를 느끼는 사용자가 많습니다. 공통 관심사를 가진 사람은 실제로 함께 만나 의견을 나누며 문서를 공동 편집하기도 합니다. 그런 사람들이 전 세계 단위로 모여 매년 콘퍼런스를 열고 있죠.

그 외에도 나무위키와 위키백과는 다양한 차이점이 있습니다. 또 하나의 큰 차이점은 위키백과는 다언어 백과사전을 지향하고 나무위키는 한국어 잡학정보원을 지향한다는 점입니다. 위키백과는 언어판끼리 서로 번역도 하고 내용을 최대한 건조하게 유지하는 편이며 근거와 출처 보강을 매우 중요시합니다. 나무위키는 백과사전 형식을 지향하지 않으므로 백과사전다움도 추구하지 않습니다. 현재 진행 중이어서 논란의 여지가 꽤 있는 사건·사고도 즉시 서술하는 경우가 많고, 출처가 있는 글이 더 살아남긴 합니다만 출처를 강조하거나 요구하지 않는 편입니다.

내용 면에서 살펴보면 위키백과는 학술 관련 항목에 충실하며 다른 하위문화 관련 내용도 감정이 섞이지 않은 사실 위주의 건조한 문체를 지향합니다. 반면에 나무위키는 하위문화와 시사와 관련한 내용 등에 좀 더 강점이 있고 상황을 종합해서 파악하여 시간순으로 정리하는 것에 강점이 있습니다. 나무위키가 처음부터 하위문화 커뮤니티인 '엔젤하이로'●에서 시작되었다는 것도 원인 중 하나이지 않을까 싶네요.

위키백과는 관리 주체가 없고 활동도 다국어로 이루어지지만 나무위키는 한국에서 만들어진 것이며 관

　　●엔젤하이로는 현재 개편되어 NTX(http://ntx.wiki/)가 되었다.

리 회사가 따로 있다는 차이가 있습니다. 위키백과 내의 정책이나 쟁점은 모두 토론을 통해 합의 후 진행되므로 민주적이지만 좀 느린 측면이 있습니다. 반면 나무위키는 토론을 거치긴 해도 관리 회사가 수행 주체이므로 회사가 받아들이지 않으면 적용되지 않는 것도 꽤 있습니다. 그래도 현재의 규모로 성장시킨 것을 보면 회사와 관리자가 유능하고 내부 여론도 잘 반영하고 있다고 볼 수 있겠지요. 나무위키의 관리 회사는 파라과이의 법인인 유한책임회사 우만레umanle S.R.L.이며 나무위키 내의 설명 중에는 다음과 같은 내용이 있습니다. "리버티 L.L.C.의 인수 시도가 국내 법인이란 이유로 무산되었고, 대신 해외 법인인 umanle S.R.L.이 나무위키를 인수했다. 지금 리그베다 위키와 엔하위키 미러와의 소송전이나 선진국에는 없고 대한민국 등 몇몇 나라에만 있는 사실적시 명예훼손, 국가보안법, 성인물 소개 제재 등으로 나무위키가 고소 및 고발 위협을 당하는 현실에서 해외 법인의 인수는 선택이 아니라 필연이었다고 한다." 여러모로 독특한 정책을 가졌지요.

위키백과는 운영 주체가 없으므로 법률적 문제가 발생해도 소송 주체를 확정 짓는 것조차 간단치 않습니다. 한국어 위키백과 역시 한국어로 쓸 뿐 한국에 종속되어 있지 않고요. 인터넷 문서라는 것도, 공동 편집이라는 것도, 주체가 불분명하다는 것도, 기존 질서인 출판물–저작권 시스템과는 확연히 다릅니다.

제가 이 두 가지 유사 백과사전을 실제로 어떻게 이용하는지 소개하면 좀 더 이해에 도움이 될 것 같습니다. 일단 위키백과는 제가 관심 있는 역사 분야와 음악 분야의 항목을 번역해서 보는 용도로 쓰고 있습니다. 번역해서 보는 용도라니 말이 좀 이상합니다만, 영국 음악가라면 영어 위키백과에, 일본 역사라면 일본어 위키백과에 더 질 좋은 정보가 있으니, 번역해서 봐야 하더라도 그 정보를 해당 언어판으로 바로 보는 편입니다. 나무위키는 주로 최근 벌어진 사건을 빨리 훑어보는 용도로 봅니다. 예를 들어 2019년 가수 설리가 사망했을 때 저는 설리라는 인물에 대해 아는 것이 거의 없었습니다. 그가 누군지 알고 싶어서 얼른 나무위키를 읽었죠. 물론 그 내용을 모두 믿지는 않습니다. 대략의 맥락을 짚는 용도로 사용하죠. 삼국지 관련 항목이나 임진왜란 관련 내용 등 역사 마니아가 활동할 것 같은 항목은 위키백과와 나무위키를 함께 봅니다. 서술 방식이 완전히 다르므로 비교하는 재미가 있습니다.

여러분이 놓치고 있는 위키백과의 장점 하나를 소

개하겠습니다. 위키백과는 웹상에서 가장 훌륭한 홍보 공간입니다. 위키백과는 정보의 신뢰도가 높아서 내용이 일정 분량 이상 채워지면 구글 검색 결과에서 거의 최상단에 노출됩니다. 위키백과라면 일단 믿을 수 있다고 구글이 판단하는 거지요. 또 구글은 이미 검색 결과 오른쪽에 지식그래프라는 공간을 만들어 정보를 요약해 보여 주는데 거기에서 사용하는 정보의 상당 부분이 위키백과에서 추출한 것입니다. 그만큼 검색 엔진에서 좋아하는 문서이며 검색최적화search engine optimization(SEO)가 잘 되어 있습니다.

다시 말하면 위키백과에 올린 내용이 살아남기만 하면 사용자에게 도달될 가능성이 매우 높다는 뜻입니다. 회사 홍보담당자라면 자기 회사의 내용 중 회사에 불리한 내용이 있는지 살펴보세요. 회사에 불리한 내용이 있다면 그걸 굳이 없애려 애쓰지 말고 회사에 유리한 내용을 따로 정리해서 친구나 다른 지인에게 위키백과에 추가해 달라고 부탁하세요. 장점이 많이 기술되어 있으면 단점이 작게 보이기 때문입니다. 또 위키백과는 이해 당사자가 편집하는 것을 원칙적으로 금지합니다. 친구나 다른 사람이 고치는 것이 더 안전하죠. 이해 당사자가 편집한 것이 알려지면 그 모든 내용이 되돌려질 수 있습니다.

당신이 역사 마니아거나 영화 팬이라면 역시 위키백과 내용을 검토할 필요가 있습니다. 분명 당신이 평소 생각하는 것과 다른 내용이 있을 수 있거든요. 좀 더 알고 있는 내용이 있다면 근거와 함께 내용을 직접 보강할 수 있습니다. 이것이야말로 소위 '덕질'의 가장 훌륭한 형태일지 모릅니다. 저는 제가 좋아하는 역사와 음악 분야의 문서를 수시로 편집하거나 번역합니다. 아이돌 팬이라면 해당 아이돌의 문서를 수시 편집할 수 있겠지요. 내가 좋아하는 멤버의 내용은 부실한데 관심없는 연예인의 내용은 잔뜩이면 어쩐지 불공평한 느낌이잖아요? 그럼 자신이 좋아하는 멤버의 내용을 충실하게 채워서 팬심을 보여 줄 수 있습니다. 위키백과만 잘 고쳐 놓으면 구글뿐 아니라 네이버나 다른 포털에도 내가 쓴 내용이 눈에 띕니다.

반크VANK를 비롯해 한국을 알리고 싶어 하는 사람이나 단체가 많은데, 주체가 누구든 가장 편하게 할수 있는 홍보 방법이 영어 위키백과에 자료를 영문으로 작성해 기여하는 것입니다. 내용이 태부족이라서 추가할 내용은 많을 겁니다. 분명 오류도 많을 것이고요. 그곳에서 '안중근'부터 '치맥'과 '봉준호'까지 자기가 좋아하는 주제를 영어로 추가 입력하거나 수정하면 세계를 대상으로 가장 빠르고 광범위하게 알리는 방법이 됩니다. 공공기관이나 기업이 영어 홈페이지를 만들어서 운영하는 것이 저는 좀 답답합니다. 영어 위키백과에 내용을 정리해 올린 뒤 상세한 내용은 홈페이지에서 볼 수 있게 연결하면 훨씬 많은 사람이 방문할 것입니다. 이렇게 좋은 홍보 채널을 많은 이들이 놓치고 있는 것 같습니다.

제가 이용하는 또 하나의 위키가 있습니다. 지인과 함께 직접 운영하는 '제타위키'●라는 곳입니다. 제타위키에는 객관성을 유지할 필요가 없거나 뭔가 메모로 남길 필요가 있는 내용을 적는 편입니다. 이 위키가 어떤 식으로 성장해 나갈지 아직은 잘 모르겠습니다만, 저와 지인들의 사적이기도 하고 공적이기도 한 내용을 쌓다 보니 꽤 유용한 정보원이 되고 있습니다. 이렇게 불특정한 정보를 형식과 무관하게 쌓을 수 있는 공간은 흔치 않아 결국 직접 운영하고 있습니다. 당신도 와서 바로 참여할 수 있습니다. 여러 사람의 메모가 쌓이면 어느 시점부터는 그것이 단순한 메모에 머물지 않는다는 생각으로 운영 중입니다.

8
{ 사전, 통일, 정체성 }

진왕 정政이 전국시대 6국을 통일하고 시황제로 즉위한 뒤에 무엇을 했는지 세계사 시간에 배운 적이 있지요. 도량형을 통일하고 화폐를 개혁했다는 등의 업적이 떠오릅니다. 그중 주요한 업적의 하나가 문자의 통일입니다. 저는 이 문자의 통일이 가장 중요한 역사적 사건이라고 생각합니다. 도량형이야 어떻게든 할 수 있습니다. 지금도 미국은 꿋꿋이 미터법 대신 야드파운드법을 쓰고 있잖아요. 화폐도 지금이라면 문제가 크겠지만 그때 수준에서는 쌀이나 다른 것으로 대신할 수 있는 상황이었을 겁니다. 하지만 의사소통만큼은 답이 없거든요. 어떻게든 공통의 문자가 필요합니다. 어디에서나 표준 프로토콜은 중요하니까요. 진시황은 지역마다 같은 글자라도 자형이 다르던 '대전체'를 통일된 문자로 정리해서 '소전체'를 만들었습니다. 문자의 통일은 국가 운영의 일원화를 위한 필수 작업이었지요.

조선어학회는 우리말을 연구하는 곳이었습니다. 조선어학회의 구성원이 선택한 독립운동 방법은 바로 한글 맞춤법 통일안을 만들고 『조선말 큰 사전』을 편찬하는 것이었습니다. 이미 서구와 일본이 자국의 언어를 어떻게 체계적으로 사용하는지 보며 우리가 얼마나 우리말을 혼란하게 사용하는지 깨닫고, 교과서 하나 만들지 못하는 한계를 처절하게 통감한 상태에서 내린 결정이었습니다. 우리가 독립하여 근대국가를 만들기 위해서는 일관성 있는 표기 체계를 갖추는 것이 무엇보다 급선무였습니다. 그것을 잘 알고 있던 일본은 우리말 사용 자체를 막았죠. 조선어학회가 준비하던 『조선말 큰 사전』은 출간되지 못한 채 일본의 탄압 아래 있다가 해방 직후인 1947년부터 출간되기 시작했습니다. 하지만 결국 단일한 우리말 대사전의 완간을 보지 못한 채 우리나라는 남과 북으로 분단되었습니다.

남과 북은 서로 다른 체제의 국가가 되었고 조선어학회에서 『조선말 큰 사전』을 만들던 사람들도 남과 북으로 흩어졌습니다. 남과 북이 갈라지기 전에 나온 것은 『조선말 큰 사전』 1권(1947)이었습니다. 이후 첫 결실은 남쪽에서 먼저 나왔습니다. 조선어학회는 한글학회로 이름을 바꾼 뒤 정인승의 주도로 『큰 사전』(1957) 3권을 완간했습니다. '말모이' 편찬 시도가 『조선말 큰 사전』 편찬으로 이어졌고 그 흐름이 결국 『큰 사전』이라는 결실로 맺어졌습니다. 조선어학회에서 『조선말 큰 사전』을 만들던 김두봉, 이극로, 김병제는 북에서 계속 우리말을 연구하여 정책으로 연결했습니다. 이극로, 김병제의 노력으로 『조선말사전』(1962)이 6권으로 완간되었습니다. 이는 이후 현대 사전 편찬학의 방법론인 빈도 조사까지 수행하여 작업한 『조선말대사전』(1992)으로 이어집니다. 남한은 민간의 대사전과 한글학회의 『우리말 큰사전』까지 있었지만 관에서 만든 대사전이 없던 상태였습니다. 그러던 중 국립국어원에서 『표준국어대사전』을 1999년에 내놓았지요. 이렇게 남과 북은 각자의 체제하에서 언어를 집대성한 '관찬' 대사전을 만들었습니다. 사전을 제작하는 것은 일종의 체제 경쟁이기도 했습니다.

그사이에 남과 북의 언어 이질화는 서서히 진행되었습니다. 대부분의 단어와 문법 요소는 일치했으므로 서로 이해하는 데 문제없지만, 체제가 다른 만큼 부분적으로 서로 다른 어휘를 쓰기 시작했으며 외래어의 수용 양상도 달라지자 점차 다른 언어가 생겼습니다. 특히 남한에서는 외래어가 지나치게 많이 수용되었는데 북한에서는 고유어가 많이 지켜졌지요. 또 남한에서는 외래어를 그대로 사용하는 경우가 많은 반면 북한에서는 외래어도 고유어로 바꾸어 부르는 경우가 많습니다. '바코드/띠부호', '스매시/때려넣기' 같은 단어들이 그렇습니다. 아이스크림은 이제는 북에서도 아이스크림이라고 부릅니다. 예전처럼 '얼음보숭이'라고 부르진 않아요. 그리고 남과 북의 어감 차이가 가장 크게 느껴지는 것이 두음법칙의 차이인데 이것은 사전 항목의 배열 문제와도 겹쳐 있어 해결이 쉽지 않습니다. '노인/로인', '여자/녀자'처럼 어감 차이가 큰 단어들이 있습니다.

이러한 남북의 언어 이질감을 해결하기 위한 노력이 있었습니다. 1989년 문익환 목사가 평양에 방문했을 때 통일국어대사전의 남북 공동편집을 제안했고 이에 김일성 주석이 동의했지요. 이 꿈같은 제안은 이후 2005년 『겨레말큰사전』 편찬위원회가 결성되면서 조금씩 현실화되었습니다. 2020년 현재, 교류는 중단과 재개가 되풀이되고 있지만 남북 단일 사전을 만드는 작업은 진행 중입니다. 『겨레말큰사전』은 출간과 동시에 통일의 상징적 존재가 될 것입니다. 『조선말 큰 사전』이 독립운동의 한 상징이었던 것처럼요.

이쯤에서 사전의 존재감에 대해 생각해 보고자 합니다. 왜 조선어학회는 사전을 만들고자 했고, 왜 일제의 조선총독부는 급히 먼저 사전을 만들었던 걸까요. 남과 북이 각자 관에서 편찬한 대사전을 만들어야만 했던 이유는 무엇이며 또 통일시대를 대비한 사전 제작의 의미는 무엇일까요.

사전은 그 집단을 이루는 구성원 사이의 표준적인 기호체계를 모은 것이기 때문입니다. 다시 말하면 사전은 집단의 정체성을 드러내는 가장 강력한 상징체계의 모음집입니다. 예를 들어 미국에서는 독립 전쟁이 종료(1783)된 후 새로운 사전을 만들어야 한다는 논의가 서서히 나왔고, 『웹스터 사전』(초판, 1828)의 등장으로 영국 사전 이용을 거부하고 미국다운 사전을 쓰기 시작했습니다. 미국 영어와 영국 영어의 분화가 점차 심해지면서 고유성이 달라졌기 때문입니다. 이 역시 정체성과 관련한 문제였습니다.

제가 여러 번 사전을 믿지 말라는 얘길 썼는데 그것도 일종의 정체성에 관한 얘기입니다. 나와 사전이 의견 차이를 조율하는 과정에서 내가 성장할 수 있습니다. 그러려면 나의 입장이 먼저 서야 하지요. 내 관점, 내 입장이 없다면 사전의 관점과 맞설 수 없습니다. 사전에 맞서지 못하고 바로 동의해 버리면 더 이상의 토론이나 발전이 없겠지요. 하지만 사전을 읽으면서 사전과 토론하고 그 결과에 준해 내 기준과 정체성을 다진다면 사전으로 말미암아 내가 성장할 수 있습니다.

꼭 나 개인에 한정할 필요는 없습니다. 사투리와 서울말은 꽤 다릅니다. 지금 한국의 표준어는 '교양 있는' 사람들이 두루 쓰는 서울말을 기준으로 하죠. 그리고 표준어 사용자들이 사투리 구사자들을 업신여기는 일이 종종 있어 왔습니다. 그럴 때 사투리 구사자들은 표준어와 대결해야 합니다. 표준어를 알고 있는 것과 표준어를 쓰는 것, 표준어를 써야 하는 것은 다릅니다. 표준어를 쓰는 것이 더 적절한 상황, 사투리를 쓰는 것이 더 적절한 상황이 있지요. 상황에 따라 사투리도 적절히 사용해야 해당 지역의 정체성이 더 단단해집니다. 제주도 방송에서는 제주어 뉴스를 방송하더군요. 그렇게 일상에서 계속 사용해야 합니다. 사전과 표준어는 일종의 기준으로 그 자리에 있으면 되는 것이지 차이와 변이를 억압하는 장치로 작용해서는 안 됩니다.

남북이 통일을 준비한다면 그것이 어떤 형태로 이루어지더라도 서로에 대한 이해를 높이는 것이 필수입니다. 통일이라는 새로운 정체성을 확립해 나가야 하거든요. 그 과정에서 먼저 알아야 할 것은 서로 어떤 정체성을 바탕으로 어떤 말과 표현을 사용하고 있는가에 대한 관심이겠지요. 그래야 오해도 줄이고 상대방에 대해서도 올바르게 알 수 있습니다. 『겨레말큰사전』의 편찬 작업은 서로를 알아 가는 과정입니다. 시간은 늦어져도 좋으니 남과 북이 함께 최대한 좋은 모양새를 갖춰 결과를 만들어 나가야 합니다. 다행히도 그런 작업이 조금씩 이뤄지고 있습니다.

9
사전의 두 철학 : 규범성과 기술성

사전은 무려 '典'(전)이라는 글자가 붙은 책입니다. 고전, 법전, 경전에 쓰이는 바로 그 한자입니다. 느낌이 묵직하죠. 실제 책도 정말 크고 무겁습니다. 게다가 '서로 꼭 이것만은 지켜 보아요' 하는 마음으로 작성된 문서라 그 책의 내용을 어기면 안 될 것 같은 기분이 듭니다. 정말 법 같은 느낌이 들죠.

　　사전이라는 개념이 잡히기 전에 사전은 지적 유희의 대상이었습니다. 공부하는 데 필요한 개념을 정리해 놓는 메모장이거나 어떤 언어를 배우기 위한 단어장이었고, 신기한 지명이나 동물 이름을 모은 책이었습니다. 한자사전의 경우 시를 짓기 위한 한자 모음집인 운서韻書가 많았습니다. 한시를 짓는 실력이 곧 과거 합격이나 벼슬자리와 연결되는 기술이었기 때문입니다. 선비들이 시를 주고받는 것으로 서로의 실력을 겨루었다는 얘기도 많이 남아 있지요. 이래저래 그때의 남자라면 출세는 물론 과시를 위해서라도 익혀야 했던 기술입니다. 운서 외의 한자사전으로는 자서字書류가 있었습니다. 그 자서 중에서 가장 베스트셀러였던 것이 바로 『옥편』이지요. 한때 '제록스'가 복사기의 대명사였던 것처럼 『옥편』은 지금까지도 한자사전의 대명사로 남아 있습니다. 이 자서는 운서에 비해 그리 중요한 책이 아니었습니다. 한자는 천자문이나 소학 등을 외우면서 조금씩 한자의 뜻을 스스로 깨쳐 가는 방식으로 익혔지요. 여러분도 우리말을 배울 때 처음부터 사전을 찾아 가며 배우지는 않았을 겁니다. 어른들의 얘기를 얻어듣거나 책을 읽으면서 본인의 어휘집을 쌓아 나갔을 겁니다. 사전이 처음부터 어학 학습 도구는 아니었다는 얘기입니다.

하지만 사전은 분명 실용적인 목적이 있는 책입니다. 사전의 존재 이유는 서로 동일한 의미를 표현할 때 동일한 표기를 쓰자고 약속하는 것입니다. 그러려면 일단 사용하는 말들을 누군가 집대성하고 정리하는 과정이 필요했습니다. 우리가 기억하는 사전 편찬자의 끝없는 수집과 정리 작업이 대부분 이 과정의 일입니다. 그 과정에서 체계가 필요했고요. 이렇게 엄청난 노력을 들여 사전을 만들고 책으로 인쇄하여 세상에 뿌릴 준비를 합니다. 이 '뿌림'이 영어로는 'publishing'입니다. 만드는 데서 끝나는 것이 아니라 전파해야 출판이라는 과정이 완성되는 거죠.

이미 문법, 맞춤법이라는 이름에서부터 반드시 지켜야 할 것 같은 느낌을 주고 그에 따라 꽤 엄격한 책인 사전까지 만들었으니 이후 우리는 '사전대로', '문법대로' 말을 쓰라는 압력을 서로에게 가합니다. "너 맞춤법 틀렸어" 같은 말은 그 압력의 현실태이지요. 문법 시험도 보고, 얼마나 말을 문법에 맞게 잘 쓰는지 점수로 매기기도 합니다. 이것이 문법과 사전이 가진 규범성입니다. 사전은 법이 아니지만 법에 준하는 권위를 갖습니다. 서로 다툼이 있으면 사전을 찾아보고 그 찾아본 결과에 따릅니다. 사전의 내용이 진짜 맞는 것인지는 추후에 다시 고민해 보더라도요. 통신이 지금처럼 좋지 않았던 시대에는 '똑같이' 인쇄한 사전을 배포하고 그 것을 함께 찾아보는 것이 국가 통합 과정에서 필수적이었습니다. 그래야 서로 딴소리를 안 하죠.

이 규범성은 교육과 관계가 있습니다. 언어 교육을 위해 이렇게 이상화된 규범을 만들어 놓고 그것에 가깝게 학생들을 끌고 가는 것입니다. 또 이렇게 합의된 표현으로 의사소통을 하면 확실히 혼선이 줄어듭니다. 언어의 근본 특징 중 하나인 모호함을 조금이나마 줄여볼 수 있는 장치가 되는 거죠. 근대 이후의 국가 통치를 위해서는 문서로 이루어지는 행정 시스템이 확립되어야 했는데 그 문서의 요소는 말과 문자입니다. 즉 사전은 근대화와 표준화의 필수 도구입니다. 그러므로 어떤 집단이든 자기만의 사전을 만들고자 했던 것이지요. 사전을 만들고자 한 노력이 독립운동일 수 있는 이유가 여기에 있습니다. 근대화, 표준화의 핵심 장치이자 정체성이었으니까요. 남쪽의 관찬 사전 이름이 『표준국어대사전』인 것은 그 의도를 전면에 드러낸 작명입니다.

문제는 바로 이 지점에서 발생합니다. 사전이 규범이 되는 순간 사전은 언어 사용자, 다시 말해 언중言衆을 억누르게 됩니다. 인간은 복잡다단한 존재이므로 문법과 맞춤법을 아무리 지키려 해도 거기서 어긋나는 부분이 있기 마련입니다. 이건 국어 점수가 50점인 사람도 100점인 사람도 마찬가지입니다. 누구나 조금씩은

띄어쓰기 실수를 하고 사전에 없는 비표준어를 사용하기도 하며, 맞춤법을 혼동하기도 합니다. 또 새로운 말을 만들고 말장난을 하며 자신들만의 언어를 만들어 사용하기도 합니다. 즉 언어는 조금씩 진동합니다. 규범과 사전은 이 작은 진동을 억압하지요. 그런 진동은 사전에 기록되지 않기 때문입니다.

많은 사람이 각자 만들어 내는 작은 진동이 집합을 이루면 그것은 파동이 됩니다. 그런데 그 파동의 진폭은 꽤 커서 어느새 사전이 받아낼 수 없는 상황에 이르기도 합니다. 모두가 '짜장면'이라고 하는데 사전에만 '자장면'으로 쓰여 있는 상황, '자동길'이라는 새로운 단어를 만들었지만 사람들은 '무빙워크'라는 말만 사용하는 상황인 거지요. 이럴 때는 두 가지 선택지가 생깁니다. 문법과 사전이 규범이니 대중에 계속 그것을 강요하는 것과 대중의 행동과 관습에 맞춰 문법과 사전을 꾸준히 고쳐 나가는 것. 이 중 두 번째 방식을 선택하고 사전을 고치면 그 사전은 현실에 조금 더 다가가게 됩니다. 사전의 이러한 성향을 기술성記述性이라고 합니다. 사전이란 세상의 변화상을 반영하여 기술한 책이라고 생각하는 관점입니다.

사전에는 규범성과 기술성이 모두 있습니다. 간단

하게 설명해 보면 규범성은 하향식top-down이고 기술성은 상향식bottom-up입니다. 사전에 규범성이 없다면 만들지도 않았을 것입니다. 지키지도 않을 약속은 할 필요가 없잖아요. 필요해서 약속했고 그 약속이 일관되게 지켜질 수 있도록 정리한 책이므로 사전에는 규범성이 있습니다. 하지만 어떤 표준이 있고 그것에서 벗어난 것을 비표준으로 규정하여 배제한다면 누군가 상처받을 수도 있고 세상은 더 재미없는 곳이 되고 맙니다. 의사 결정을 할 때 의견 차가 9 대 1이면 9의 의견대로 갈 수도 있지만 900 대 100 정도의 차이라면 900의 뜻만큼 100의 뜻도 존중해야 합니다. 900을 위해 100을 희생한다면 그것이 정당한가 하는 회의도 들고요. 각 지역 사람들이 자긍심을 가지고 쓰는 사투리가 표준어보다 열등한 것이 아니고, 젊은 사람들이 사전에 있는 고어보다 사전에 없는 신조어를 사용하는 것이 잘못은 아니지요. 즉 이런 현상을 계속 반영해 사전이 바뀌어야 합니다. 그래서 사전에는 기술성이 있습니다. 기술성이 없다면 사전은 한 번 만들어서 대대손손 같은 걸 쓸 수도 있겠지요. 기술성이 있으니 사전은 계속 수정해 나가야 하는 책인 겁니다. 하지만 한국의 사전은 개정되지 않고 있으니 제가 서두에서 못 믿을 책이라고 단언해 버린 것이고요.

따라서 현재 사전 편찬의 방법론은 기술성을 강조한 것입니다. 20세기까진 분명 규범성의 역할이 더 중요했을지도 모르겠습니다만, 21세기에는 기술성이 더 중요합니다. 사람들이 어떤 말을 쓰는지 말의 샘플을 만든 뒤에 그것을 통계 처리하여 실제 사용되는 것, 많이 쓰는 방식 위주로 사전에 차곡차곡 정리해 나갑니다. 그 과정에서 어휘의 단위, 출현 빈도, 사용 범위(분포) 등을 고려하게 됩니다. 이것이 현대 사전학의 기본이라고 할 수 있는 말뭉치 언어학의 방법론입니다. 이렇게 정교하게 다루어야 언어를 기술하여 사전에 적을 수 있습니다.

규범성과 기술성은 돌고 돕니다. 규범성을 위해 기술해야 하고 기술한 것의 사용을 위해서는 규범적이어야 합니다. 규범적으로 기술되지 못하면 그 사전은 언중에게 설득력을 얻지 못합니다. 사람들은 자기 말에 대한 긍지가 엄청나서 자기가 받아들이지 못하면 그 말을 절대 사용해 주지 않거든요. 그러니 우리는 말을 하면서 그 말에 계속 투표를 하는 것입니다. 그래서 많이 사용되는, 표를 많이 얻은 말이 결국 오래오래 살아남습니다. 이 득표량은 많아야 할 뿐 아니라 지속적이기도 해야 합니다. 지금 잠깐 유행어로 바짝 쓰이더라도 수년 뒤에 금방 사라져 버리면 그 단어는 사전의 시민권을 얻지 못합니다. 사전에 오른 단어라는 것은 그런 의미를 가집니다. 이 단어는 한국어다, 라는 것이죠.

그 단어가 한국어인가 아닌가는 한국어 화자인 당신이 한 표씩 행사하여 결정한 것입니다. 투표는 가끔 기권이라도 할 수 있지만 단어 사용에는 기권도 못 합니다. 그래서 저는 언어의 성질은 민주주의와 상당히 유사하다고 생각합니다. 그것도 직접민주주의에 가깝죠. 사전은 그 의사 결정의 기록입니다. 내가 이 말을 잘 사용하고 있는지 사전에서 찾으면서 확인해 봐야 하고 확인되었으면 그 말을 쓸 수 있는 거죠. 지금 우리의 결정이 정치를 올바로 끌고 가고 있는지 정책과 결과를 확인해 봐야 하고 그것이 확인되었으면 자신의 의사를 반영해 한 표를 행사하는 것과 비슷합니다. 우리가 항상 말을 하는 것처럼 우리 삶은 정치가 아닌 순간이 없습니다. 더 비교해 보자면 규범성은 상명하달식의 정치에 대응되고 기술성은 민의가 정치에 반영되는 방식이라고 볼 수 있겠지요. 정말 비슷하지 않나요? 결론이 이상하지만 역시 투표는 꼭 해야 합니다.

10

{ 사전이 담아내야 할 '진동'과 '파동' }

사전은 언어의 카오스 상태를 정리하는 역할도 합니다. 국립국어원은 『표준국어대사전』을 만들고 꾸준히 외래어 표준 표기를 고시합니다. 근대 국민국가는 표준말의 확산과 표준어로 쓴 책의 출판으로 균질한 언어를 사용하는 국민을 만들 수 있었습니다. 중국처럼 엄청나게 다양한 방언이 사용되는 나라가 단일 국가를 유지할 수 있었던 것은 중국 전역에서 공통 언어로 사용되는 '표준 중국어'를 정했기 때문이지요. 말은 다르게 써도 문장은 같은 글자로 유사하게 쓰니까요.

하지만 가끔은 이 표준 표기 때문에 피곤한 일도 있습니다. 예를 들어 볼까요. 스코틀랜드 고지대를 'Highland'라고 하지요. 이 단어는 직관적으로 봐도 흔히 쓰는 쉬운 두 단어 'high'와 'land'가 결합한 것이니 표기도 '하이랜드'라고 하고 싶어집니다. 실제로 검색 엔진을 통해 사용 현황을 살펴보아도 '하이랜드'라고 쓴 쪽이 다르게 쓴 쪽보다 열 배 정도 더 많습니다. 그런데 국립국어원은 규범 표기를 '하일랜드'로 정했습니다. 원어가 '하일랜드'에 가깝게 발음되는 것보다 우리 언중이 '하이랜드'로 읽는다는 사실이 더 중요한데 그걸 외면한 거죠. 미국 배우 'Leonardo DiCaprio'는 다들 '레오나르도 디카프리오'라고 읽고 적지만 국립국어원의 규범 표기는 '리어나도 디캐프리오'입니다. 이 경우도 실제 사용 빈도가 열 배 이상 차이 납니다. 이나마도 일부 언론과 출판이 국립국어원의 규범표기를 (반)강제로 따른 결과일 겁니다. 고시가 없었다면 과연 그렇게 쓰는 사람이 몇이나 될까요? 방송에서 출연자가 '레오나르도 디카프리오'라고 말하는데도 자막은 '리어나도 디캐프리오'로 나오는 경우를 본 적이 있습니다. 왠지 어색한 표기법이죠. 억지로 혀를 굴려 발음해야 할 것 같은 느낌도 듭니다.

　　이런 식의 상명하달식 교정이 사전에도 나타납니다. 우리말샘에는 하일랜드와 하이랜드가 섞여 있지만

『표준국어대사전』에는 하일랜드만 등재되어 있습니다. '카멜'camel은 '캐멀'로 등재되어 있지요. '맥루한'Mcluhan은 '매클루언'이, '휴렛 패커드'Hewlette-Packard는 '휼렛 패커드'가 됩니다. 정말 피곤합니다. 국립국어원이 외래어 표기 용례집을 처음 발간한 때가 1988년이니 30년이 넘었는데도 정착이 안 된 셈입니다.

국가는 속성상 표준을 지향하게 마련이지만, 이런 방식의 표준화는 지나친 개입입니다. 사람들이 실제로 어떻게 읽고 쓰는지를 고려하지 않고 책상 위에서 결정한 느낌이 강하게 듭니다. 자세히 들여다보면 미국 중심으로 생각하는 세계관도 놓여 있습니다. 정작 그들은 우리가 'Leonardo'를 레오나르도로 읽든 리어나도로 읽든 상관하지 않을 겁니다. 이것이 규범주의의 한계입니다. 마치 '더 많이 알고 있는 내가 가르쳐 줄게' 하는 듯한 태도입니다. 학문이라면 그래도 되지만 언어는 그렇지 않지요. 제가 친구와 레오나르도에 대해 문제없이 대화를 하는데 잘 모르는 누군가가 와서 "아니 레오나르도가 아니고 리어나도란다" 하고 말하면 우리 반응이 어떨까요. '참 재수가 없는 녀석이구나' 하겠지요. 지금 국가가 개인에게 하는 방식이 꽤 그렇습니다.

내가 틀렸으면 누가 고쳐 주는 게 고맙습니다. 그런

데 국가는 틀리지도 않았는데 감 놔라 배 놔라 하고 있습니다. 그러면 반감이 생깁니다. 게다가 국립국어원이 '표준'이라고 고시하면 그때부터는 혼선이 심화됩니다. 심판이 중간에 공을 차 버리면 경기가 엉망이 되죠. 그런데 국어원은 공을 차 버리는 심판으로 계속 존재하고 있습니다. 국어원이 할 일은 거듭 답을 제시하는 것이 아니라 실태 조사를 해서 사전에 함께 보여 주는 겁니다. 선택은 언중이 하면 되니까요. 그래야 사람들이 편하게 말을 사용하지요. 왜 말로는 레오나르도라고 하면서 자막은 그것을 정정하듯 리어나도라고 해야 하나요. 그 순간 방송은 출연자를 무식한 사람으로 규정하는 것입니다. 사실 모욕적인 행동이죠.

저는 그동안 몇 권의 책을 썼는데, 그중에서 몇몇 외래어나 일본어를 국립국어원 규정에 맞춰 표기했습니다. 제 의지는 아니었고 해당 책을 출간하는 출판사의 방침이었습니다. 제가 우겼다면 그 방침을 깰 수도 있었겠지만 편집자를 힘들게 하고 싶지 않아서 그냥 두었습니다. 신문에 기고한 글에도 그렇게 '교정된' 표기가 있었을 겁니다. 바로 이것이 국가의 힘입니다. 국가가 선언하면 많은 사람이 일단 따라갑니다. 벌써 30년 가까이 정책을 밀고 나가는데 대중이 안 따라간다면 그건 정책이 잘못되었다고 보는 게 맞겠지요. 저는 국립국어원이 하루빨리 국립국어연구원으로 다시 돌아갔으면 합니다. 자꾸 정책을 만들 것이 아니라 우리말을 연구하는 일을 위주로 했으면 합니다.

사전에 기록되는 내용은 우리가 자연스럽게 쓰는 말이어야 합니다. 그런데 국립국어원이 정답을 제시하는 통에 자연스러움이 훼손되고 있습니다. 국립국어원은 규정은 권장 사항일 뿐 강제가 아니라고 말할 겁니다. 하지만 언론이나 출판계에서 느끼는 압력의 강도는 그저 권장 사항이라고 하기에는 무리가 있습니다. 국가가 규정을 정하고 권장이라고 말하는 것이 어불성설이죠. 반에서 싸움을 제일 잘하는 친구가 인상을 쓰며 자기 의견을 말하고는 안 때릴 테니 너희도 자유롭게 의견을 말하라고 하면 몇 명이나 그에 반대하는 의견을 내놓을까요. 한국은 국민의 언어생활에 유독 적극적으로 개입하는 나라입니다.

이 책에서 저는 여러 언어 주체의 대립 관계에 대해 이야기하고 있습니다. 사전과 나, 표준어와 사투리, 국가와 언중. 이것들을 정리해 보면 결국 사전의 규범성과 기술성이라는 주제로 함축할 수 있습니다. 사전에

말을 기록할 때는 그 말을 어떻게 적어 넣을 것인가라는 측면에서 하향식 상명하달과 상향식 언중주의(?)가 있다고 볼 수 있죠. 저는 항상 규범성보다는 기술성이 옳다고 생각해 왔습니다. 언중에 집중하지 않으면 언어의 미묘한 떨림을 사전에 담지 못하게 되니까요.

따라서 사전은 존중하되 '내 한국어', 내 고향의 한국어에 대해서는 자긍심을 가질 필요가 있습니다. 사전이 모두 맞는 것은 아닙니다. 왜 자꾸 사전을 의심하라고 하는 걸까, 하는 의문이 들 수도 있겠지만 내가 사용하는 내 한국어와 사전이 다르면 어느 쪽이 더 맞는지 고민해 볼 필요가 있습니다. 그 과정에서 내 언어는 분명 좋아질 겁니다. 사전도 완전하지 않으니 계속 변화해야 하고요.

‘검색 실패어’와 신조어

언제였는지 기억이 애매합니다만, 중학생들이 '문상' 어쩌고 하는 말을 들었을 때 좀 이상했습니다. 저 아이들이 문상 갈 일이 뭐가 있다고 어른들이나 나눌 만한 얘기를 하는 건가 싶었으니까요. 다들 예상하시다시피 그것은 문화상품권의 약어였지요. 제가 느낀 불편함은, 문상問喪이 조금은 무겁게 느껴지는 단어로 이미 사용되고 있는데 왜 하필 그 단어의 음을 빌려 오냐는 것이었습니다. 아마 처음 문화상품권을 '문상'으로 줄인 친구는 상주를 위문하는 의미의 문상이라는 단어를 몰랐을 것이고, 따라 쓰기 시작한 주변 친구도 대부분 비슷했을 겁니다. 이후 더 충격적인 단어를 접했지요. '분식의 신'을 줄인 '분신', '분신 떡볶이'라는 간판이었습니다. 가게 이름을 분신이라고 짓다뇨. 분신은 줄인 말이라며 가볍게 쓰기에는 꺼림칙한 표현이지 않습니까? 검색창에 분신 떡볶이를 입력하면 떡볶이를 팔던 노점 상인의 분신에 관한 뉴스가 연관 기사로 함께 뜹니다. 세대에 따라 사용하는 언어에 대한 감수성이 매우 다르다는 생각이 듭니다.

또 언젠가는 어디서 '비투비'라는 아이돌 그룹이 있다는 말을 듣고 그럼 B2C, B2G 등도 있냐며 농담한 적이 있습니다. B2B는 경제용어입니다. business to business이죠. B2C는 business to customer이고 B2G는 business to government입니다. 이후 트위터의 비투비 팬덤 사이에서 '우리 오빠'가 쓰는 말이 네이버 '사전'에 있다며 화제가 되는 걸 보았고요. 비투비라는 팀의 멤버가 팬에게 애정을 표현하는 말로 "예지앞사"(예전에도 지금도 앞으로도 사랑해)라는 말을 썼는데, 그 말이 2015년 네이버 사전에서 신조어 검색 빈도 3위를 차지했다고 합니다. 사실 무슨 말인가 크게 궁금하지는 않았습니다만 이 현상만큼은 꽤 신선했습니다. 아이돌 팬이면 모름지기 신세대의 최전선이라고 할 만한데 그들도 '사전'에 단어가 나온다는 걸 중요하게 생각한다는 거죠. 비록 종이 사전은 사라져 가고 있지만 여전히 사전이라는 말이 주는 권위는 미미하게 남아 있구나 싶었습니다.

여기서 우리는 신조어의 생성 요인도 생각해 볼 수 있습니다. 특정 집단은 동질성을 확인하려고 자기들끼리만 쓰는 단어를 자꾸 만듭니다. 그 말을 알아들으면 같은 집단이고 모르면 외부인인 거죠. 언어학에서는 이걸 '사회 방언'이라고 부릅니다. 지역, 계급 간에 쓰는 단어가 다른 것입니다. 사회 방언의 가장 유명한 사례가 '쉽볼렛'shibboleth입니다. 지금은 '암호', '시험해 보는 말'이라는 의미의 일반명사로 쓰이는 이 단어는 기원전 11세기에 사사士師 '입다'가 지휘하는 길르앗 군사들이, 에브라임 지파와 내전을 벌이고 요단강을 건너 도주하는 에브라임 사람들을 가려내려고 사용했던 말입니다. [ʃ] 발음을 잘하지 못하는 에브라임 사람을 식별하려고 'Shibboleth'이라는 단어를 발음하게 했다는 일화가 성경에 나오지요. 자기 집단이 아니면 발음하기 어려운 단어를 이용한 것입니다.

하나만 더 살펴볼까요? 1980년 이전에 태어난 사람이라면 누구나 알 만한 유행어로 '따봉'이라는 말이 있습니다. 오렌지 주스 광고에 쓰였는데 브랜드명은 잊

히고 '따봉'이라는 유행어만 남아 30년 넘게 버텼으니 국어사전에 실려도 되지 않을까 싶은데 동의하시나요? 아마 동의 못 하겠다는 분이 많을 것입니다. 따봉이라는 말을 계속 쓰는 사람도 꽤 있긴 하지만 보편적으로 통한다고 보긴 어려우니까요. 그와 별개로 이 따봉이라는 말은 일종의 세대 판별 어휘로 쓰이기도 합니다. 누가 '예컨대'라는 말을 쓰면 저는 1970년생 이전 세대라고 봅니다. '읍니다'를 쓰면 1960년생 이전일 가능성이 높죠. 유사하게 따봉을 알면 1980년생 이전으로 간주하는 겁니다.

그럼 수없이 쏟아지는 신조어 중에서 뭘 남기고 뭘 버려야 할까요? 신조어는 어떻게 수집해야 할까요? 신조어가 사전에 실리는 것이 어떤 의미를 가질까요? 이에 대해 짧게 제 의견을 정리해 두려 합니다.

사전에 실린 어휘라면 그 어휘는 시민권을 얻었다고 생각할 수 있습니다. 공식화되는 것이죠. 외국에 나가면 단기비자, 장기비자, 취업비자, 영주권, 시민권 등 권리나 자격을 증명하는 다양한 수단이 있지요. 비슷하게 생각하면 됩니다. 그런데 사전은 10만~50만 어휘 정도로 한 권에 담을 수 있는 분량이 한정되어 있으므로 신조어를 추가하려면 기존 어휘 중 하나 이상을 빼야 합니다. 그러려면 엄밀한 심사과정을 거쳐야겠지요. 그러니까 조금은 명예로운(?) 느낌도 있습니다. (아이돌 팬심 표현 방식으로 사전 등재는 꽤 훌륭합니다.)

　　하지만 이건 종이 사전일 때의 이야기이고, 웹 사전일 때는 최소한 용량의 한계는 없습니다. 신조어를 추가해도 기존 어휘를 빼지 않습니다. 여전히 심사 과정이 필요할 수 있지만 생각해 보면 예전에도 심사 과정은 불투명했고 지금도 어떤 어휘를 사전에 넣을지에 대한 기준이 모호해요. 그리고 네이버 오픈사전은 기준이 거의 없다시피 합니다. '대충' 올라갈 수도 있다는 말입니다. 어휘의 시민권이라는 명예로운 느낌이 많이 약해졌습니다.

　　그럼에도 사람들은 신조어를 어딘가에 기록하길 좋아합니다. 뭔가 본능 같은 느낌마저 있지요. 그 본능 덕분에 오래된 기록이 아직 남아 있는 것인지도 모르겠네요. 네이버 오픈사전은 원래 개별 서비스가 아니고 지식iN의 하위 서비스였고, 그때는 질문이 있어야 그 아래 답변을 달 수 있었습니다. 지식iN에 거의 '상주' 하다시피 하는 답변자 중에는 질문이 없어도 답을 달고 싶어 하는 사람들이 있었습니다. 대부분 남자였으니 맨스플레인 욕구를 발산하고 싶었나 봅니다. 그들을 위한 일종의 놀이터처럼 게시판 형식으로 만들어져 있었지요.

영어권에는 유사한 서비스로 '어번 딕셔너리'urban dictionary가 있습니다. 1999년부터 있었으니 20년 넘게 살아남았네요. 여기에도 여러 가지 뜻풀이가 되는 대로 올라와 있습니다. 그중 좋다고 생각되는 것에 '좋아요'를 눌러 위로 올릴 수 있는 구조입니다. 제가 영어를 잘하지 못해서 그런지 딱히 재미있다는 느낌은 별로 들지 않는데 용케 오래 버티고 있습니다.

아이돌 팬이라면 한 가지 도전적인 과제를 드리지요. 좋아하는 아이돌에 대한 내용을 위키백과 한국어판, 일본어판, 영어판에 올려 보세요. 이미 올라 있는 것도 꽤 많을 겁니다. 위키백과는 꽤 엄격한 등재 기준을 가지고 있습니다. 저명함을 입증해야 하고, 내용을 보태면서 근거를 달아야 합니다. 근거는 내가 쓴 것이 아니라 공인된 매체에서 찾아내야 합니다. 이런 여러 조건을 통과해야 위키백과에 내용을 실을 수 있습니다. 대신 위키백과에 내용이 실렸다면 그만큼 자랑스러워해도 되겠죠. (조금 비공식적인 내용이라면 나무위키에 올려도 되겠고요.)

종이 사전 시대에는 어떤 단어에 시민권을 부여할

것인가를 사전 편찬자가 고민했습니다. 책을 읽거나 주변을 다니며 새로운 단어를 들으면 그것을 기록하고 쌓아 두는 거죠. 그 기록이 반복되면 해당 단어를 사전에 포함하는 것입니다. 그 과정은 사전 편찬자의 언어 직관에 의존했습니다. 되는대로 했다는 얘기죠.

지금은 인터넷 때문에 모든 것이 바뀌었습니다. 일단 어떤 단어가 언제 출현했고 어느 정도 사용되었는지 추적이 가능합니다. 그 경향을 살펴보면서 어떤 단어가 지속해서 사용되었는가, 사전에 뜻풀이가 필요한가 판단할 수 있습니다. 확인은 못 해 봤습니다만 아마 따봉은 사전에 실을 수 있는 사용 빈도가 나올 것입니다. 그에 비해 『스타일』(2009)이라는 드라마에서 배우 김혜수의 "엣지 있게"라는 대사 덕분에 크게 유행했던 '엣지'라는 단어는 지금은 거의 사용하지 않습니다. 한때 큰 인기를 얻어 유행했어도 사용 빈도를 살펴보면 사전에 등재하기 어려울 겁니다.

국립국어원은 매년 신조어 조사를 합니다. 언론이 사용한 단어 가운데 유의미한 것을 뽑아 그 빈도를 조사하죠. 1995년부터 연구했으니 벌써 20년 이상 축적된 자료가 있네요. 궁금하면 국립국어원 홈페이지에 가서 다운로드받을 수 있습니다. 『조선왕조실록』을 편찬

할 때 사관이 우선 사초를 쓰고 왕이 죽으면 그 사초를 기반으로 실록을 작성했다지요. 유사하게 언론사는 언어를 매년 기록하고 국립국어원은 그걸 매년 정리한 뒤 내용을 살펴보면서 사전에 실을지 말지 정하는 것입니다.

이런 과정을 통해 어떤 신조어를 사전에 실을 것인지 결정합니다. 요약해 보면 기준은 빈도입니다. 높은 빈도로 장시간 사용되면 그 단어는 사전에 올라갈 가능성이 높습니다. 사람들이 평소 쓰는 언어 그 자체를 수집 분석하는 방법론이 자연어 연구인데, 이 자연어 연구의 핵심이 바로 빈도와 분포입니다. 빈도는 어휘의 출현 강도(횟수)를 말하는 것이고 분포는 어휘의 출현 분야와 시간, 상황 등을 말합니다. 언어를 관찰하려면 관찰 단위를 결정하고 그 단위가 어떤 빈도와 분포를 보이는가 살펴보면 됩니다.

제가 대학원에서 사전 편찬학 공부를 하면서 얻은 단 하나의 결론은 "믿을 놈은 빈도뿐이다"라는 것입니다. 분포도 중요하지만 더 중요한 것이 빈도라고 생각합니다. 그때 쓴 석사 논문이 「웹 사전 검색실패어의 유형연구」(연세대학교, 2011)였습니다. 어떤 단어들이 사전에 실려 있지 않은가, 그리고 어떤 단어를 사전에 실을

것인가를 다루었지요. 깊이는 장담하지 못해도 재미는
있으니 신조어에 관해 더 궁금하신 분들은 슬쩍 읽어
보셔도 좋을 겁니다.

{ 미래의 사전 }

한국의 사전은 21세기 들어 계속 축소되고 있습니다. 종이 사전은 독자의 요구가 별로 없고 웹 사전은 개정하지 않아도 비판받지 않으니 제작이 거의 멈춘 채 지금에 이르렀지요. 그래서 저는 사전이 이미 공공재의 영역으로 들어왔다고 생각합니다. 국가나 기업이 돈을 내 사전을 만들어야 합니다. 이미 국립국어원에서 한국어사전을 만들고 있지만 그건 또 너무 '국가 위주'의 딱딱하고 강압적인 사전이라 역시 민간에서 뭔가 진행될 필요가 있겠다는 생각도 들고요.

제가 생각하는 사전의 미래는 '읽는 사전'입니다. 이제 기계적인 뜻풀이를 보려고 사전을 펴는 사람은 별로 없습니다. 그보다는 해당 항목에 관해 한 번쯤 더 생각해 보게 만드는 뜻풀이가 필요합니다. 어학사전도 그렇고 백과사전도 마찬가지입니다. 여기에는 '관점'이 필요합니다. 관점은 개성이고, 꼭 공정하거나 객관적이지 않아도 됩니다. 위키 형태의 유사 백과사전 중에도 위키백과가 좌편향이라며 보수 성향으로 만들어졌던 '컨서버피디아'conservapedia가 있고 남성 중심 성향에서 벗어나고자 한 '페미위키' 등도 있습니다. 아직은 좀 미약하지만 그 관점을 유지한다면 언젠가 꽤 읽을 만한 백과사전이 나올 수 있겠지요.

이런 관점을 어학사전에서도 적용할 수 있습니다. 예를 들어 원로 사전학자인 홍재성 선생은 사전학회에서 "이제 50만 개, 100만 개 어휘 사전은 그리 중요하지 않다. 현대 한국어 기초 어휘나 초고빈도 어휘 1천 개만 골라 그것을 극도로 상세히 기술한 사전이 필요하다"는 얘기를 몇 번이나 하셨습니다. 그러면서 '이다'에 관해 수십 개의 의미 갈래를 구분해 둔 인쇄물을 나눠 주셨던 기억이 납니다. '이다' 하나만으로도 책 한 권이 나올 수 있다는 거죠.

제가 고민했던 이중 언어 사전의 미래 형태는 이런 것입니다. 밀을 넣으면 빵이 나오고 쌀을 넣으면 떡이 나오는 방식이죠. 영어를 예로 들어 볼게요. 한국어에도 영어에도 다의어가 많이 있습니다. 그래서 언어가 복잡하지요. 그런데 그 다의어의 양상은 서로 달라요. 'dream - 꿈'의 경우 희망과 잠잘 때의 정신 현상이라는 두 가지 의미 갈래가 양쪽 어휘에 모두 있어서 곤란합니다만, 'sound - 소리/건전한/조사하다' 등으로 'sound'의 다의성은 한국어에서는 형태적으로 명확히 구분됩니다. 이 한국어 - 영어의 대역어 쌍을 예문 검색에 적용하면 어떤 의미가 몇 개의 예문에 사용되었는지 바로 파악할 수 있습니다. 지금 다음 영어사전의 예문이 이런 방식입니다. 여기에 예문으로 신문, 잡지 기사를 넣으면 시사 영어사전이 될 것이고, 문학을 넣으면 문학 영어사전, IT 관련한 글을 넣으면 IT 영어사전이 될 수 있습니다. 현재 '다음 영어사전'은 뉴스 기사와 학술 논문 데이터로 주로 채워져 있습니다. 문학 작품을 넣어 보고 싶었는데 그걸 못 해 봤네요.

앞서 일본의 『신메이카이 국어사전』에 대해 잠시 언급했죠. 그 사전을 만든 사람의 이야기가 꽤 흥미롭습니다. 여러 종류의 사전을 만들어 크게 성공한 산세이도 출판사는 『메이카이 국어사전』을 펴내 전후 일본의 사전계를 석권하는데, 그 사전을 만든 사람이 겐보

히데토시와 야마다 타다오라는 두 학자입니다. 여기서 기여도가 높았던 사람은 겐보이고 야마다는 그의 조력자에 가까웠습니다.

겐보는 『메이카이 국어사전』을 만든 뒤 일본의 사전에 여러 가지 문제가 있다는 것을 알았습니다. 특히 그가 문제라고 생각했던 것은 일본어의 현실을 모른 채 일본어사전을 만들고 있다는 당시 사전계의 관행입니다. 일본어를 제대로 조사하지 않고 다들 자신의 언어 직관에 기대고 다른 사전의 눈치를 보며 계속 사전을 만들고 있었습니다. 좋게 말해 언어 직관이지 그냥 자신이 모국어 화자이니 본인이 봤을 때 자연스러우면 된다는 것이었지요. 그래서 겐보는 자신이 직접 일본어를 수집하고 그 용례를 일일이 정리하기 시작했습니다. 그가 더 이상 일할 수 없을 때까지 수집해서 만든 언어 용례 카드가 150만 장에 육박했습니다. 요즘 표현대로 쓰자면 빅데이터가 필요해서 스스로 빅데이터를 만든 겁니다. 겐보가 전산 언어학과 사전 편찬학에서 얘기하는 말뭉치corpus라는 개념을 명확하게 알고 있었는지는 모르겠습니다. 하지만 그는 사전을 한 번 만들어 보고 난 뒤 사전을 제대로 만들려면 재료 손질부터 다시 해야 한다는 것을 직관적으로 알았습니다. 그래서 컴퓨터를 활용할 수 없는 당시 마치 컴퓨터로 돌린 듯한 재료를 하나하나 손으로 쌓았지요. 그는 20세기의 사전 편찬자였지만 21세기의 방법론을 알고 있었습니다. 이런 방법론으로 만든 『산세이도 국어사전』은 일본 사전의 한 본보기로 자리 잡았습니다.

야마다는 겐보가 일본어 카드를 수십만 개 만드는 동안 개정판 출간이 너무 지연되는 것에 지쳤습니다. 또 자신의 생각이 겐보 때문에 꺾이는 것이 싫기도 했겠지요. 그래서 그는 자신이 주도하여 『메이카이 국어사전』의 개정판을 준비합니다. 사실 이름만 메이카이를 가져온 것이지 완전히 새로운 사전을 생각하고 있었지요. 그는 새로운 사전이 기존 사전을 계속 베껴가며 만드는 상황에 환멸을 느끼고 있었습니다. 그래서 사전에 개성과 인격을 부여하고자 했습니다. 다시 말하면 사전 뜻풀이를 자기 마음대로 쓰기 시작한 거지요. 그런 시도를 한 저명한 사전 편찬자의 존재도, 그런 결과물을 출간해 준 출판사의 존재도, 모두 놀랍습니다. 어쨌든 그는 계획을 실행했고 사전이 나왔습니다.

연애恋愛 특정한 이성에게 특별한 애정을 품고 둘만 함께 있고 싶으며 가능하다면 합체하고 싶은 생각을 갖지만 평소에는 그것이 이루어지지 않아 무척 마음이 괴로운 (또는 가끔 이루어져 환희하는) 상태. (『신메이카이 국어사전』 제3판)

동물원 생태를 대중에게 보여 주는 한편 보호하기 위해서라고 하지만, 잡아 온 조수나 어충 등에게 좁은 곳에서 생활할 것을 강요하며 죽을 때까지 기르는 인간 중심의 시설. (『신메이카이 국어사전』 제4판)

야마다는 "사전은 문명 비평"이라고 주변에 수없이 말했던 사람입니다. 그 신념을 관철한 결과, 기존 사전 편찬자들의 비난과 몇몇 독자의 수정 요구가 빗발쳤지만 『신메이카이 국어사전』은 선풍적인 인기를 얻었습니다. 사람들에게 '읽는 재미'를 준 것입니다. 그리고 『신메이카이 국어사전』을 읽은 사람은 평소에 쓰는 단어의 개념에 대해 다시 한번 생각할 기회를 얻었습니다.

야마다가 『신메이카이 국어사전』 초판을 낸 시기가 1972년이라는 것을 생각해 보면 이런 발상과 추진력은 놀라운 것입니다. 제가 '읽는 사전'을 생각한 것은 웹 사전을 만들다가 '더 이상 웹에 넣을 만한 사전이 없다', '그리고 더 넣어 봐야 색다른 것도 없다', '어딘가에서 새로운 사전을 만든다는 소식은 통일을 대비한 『겨레말큰사전』 외에는 들려오지 않는다', '그럼 도대체 사전은 어떻게 만들어야 하는가' 하고 고민하던 시기로 2010년이 다 되어서입니다. 즉 현재의 사전 업계가 악화일로에 들어선 이후의 고민이었습니다. 그런데 야마다는 일본처럼 보수성이 강하고 2020년 현재도 종이 사전이 출간되면 지하철과 버스에 광고를 붙이는 나라에서 거의 50년 전에 저런 생각을 한 것입니다. 야마다의 고민이 그만큼 본질적이었다는 얘기겠지요.

컴퓨터는 반복 작업을 잘하는 기계입니다. 인간이 따라갈 수도 없고 따라가서도 안 될 일이지요. 인간은 컴퓨터가 못하는 영역의 일을 하면 됩니다. 그건 바로 사전에 관점을 부여하여 읽는 사전을 만드는 것입니다. 사전이 관점을 제공하고 그것에서 논쟁이 만들어질 수 있을 때 대중은 사전을 다시 손에 쥘 것입니다. 사실 드니 디드로가 쓴 『백과전서』조차 그랬습니다. 그 책은 형태로는 객관적으로 집대성한 것이었지만 내용은 각종 주장과 논쟁으로 가득했거든요. 그래도 유럽 지식인들은 『백과전서』를 신선하게 받아들였습니다. 초기의 사전들은 특이한 말을 모으는 책이기도 했고요.

자, 이 책도 거의 다 마무리되고 있는 지금, 여러분에게는 몇 가지 실행 가능한 행동이 있습니다. (1) 지금 네이버 사전 고객센터에 '나는 여성 비하적인 이 내용이 불편하다', '20세기에 출간된 이 사전 내용을 아직도 보여 주는 건 도대체 무슨 생각이냐', '내용이 너무 부실하지 않으냐', '나는 19세기 선교사들이 만든 최초의 사전을 웹으로 보고 싶다' 하는 등의 의견을 민원으로 넣는 겁니다. 민원을 넣으면 포털은 반응하게 되어 있습니다. 제가 다녀 봐서 압니다. (2) 위키백과에 들어가서 단지 띄어쓰기 하나를 수정하는 것이어도 좋으니 편집을 직접 한번 해 보는 것입니다. 당신도 참여할 수 있고 작은 참여라도 해 보는 것은 매우 자극적인 일입니다. 절대 작은 일이 아닙니다. (3) 그리고 사전식으로 뭔가 정리하고 싶은데 잘 모르겠다 싶으면 제게 연락해 주십시오. 메일을 보내시면 반드시 답변하겠습니다.

사전 읽기는 지식을 관리 가능한 형태로 정리하는 일과 동일합니다. 그래서 사전이나 책을 읽다 보면 자신의 지식과 자료를 정리하게 되고 결국엔 사전이나 사전 비슷한 것을 쓰게 됩니다. 집에서 일기를 써도, 회사에서 보고서를 써도, 관리 가능한 형태로 정리하다 보면 그것은 사전과 꽤 비슷해집니다. 제가 모든 걸 사전에 갖다 붙이는 사람이란 건 인정합니다만, 여기까지 이 책을 읽고 있다면 당신도 제 이야기에 어느 정도 공감할 수 있는 사람일 것 같습니다. 공부의 끝에는 사전 만들기가 있습니다. 자기 영역의 사전이 없다면 그 영역의 공부 수준이 아직 부족하다는 말입니다. 당신에게 '나만의 사전 만들기'를 권합니다.

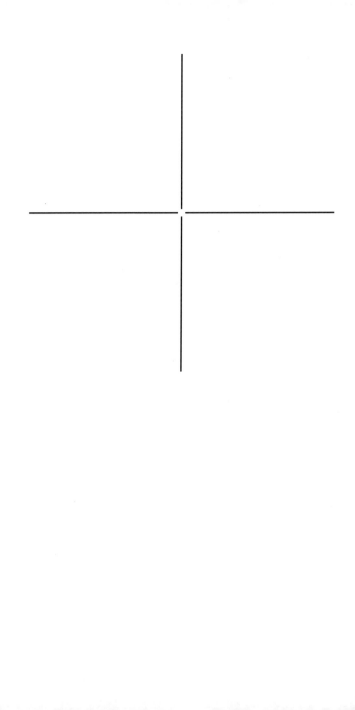

+ 사전 사용법

『사전에 길이 있다』(정영국·배연경 지음, 능률교육, 2009)는 영어사전을 꼼꼼하게 뜯어서 영어사전이 얼마나 유용한지 설명해 주는 책입니다. 영어권에서는 사전 이용법에 대해 초·중·고 수업 시간에 여러 번 가르친다는데 한국에서는 그렇지 않은 듯합니다. 그래서인지 사전 사용에 관한 책도 별로 없고요. 저도 처음에는 사전 사용에 관한 내용을 원고 주제로 제안 받은 것 같은데 사전을 '본다'는 것에 비판적인 시각이다 보니 써 나갈수록 처음 제안 받았던 내용과는 방향이 조금 달라진 것 같습니다.

사전 편찬자끼리 주고받는 농담으로 "사전의 일러두기는 사전 편찬자만 읽는다"라는 우스갯말이 있습니다. 사전의 앞부분에는 그 사전을 읽을 독자를 위해 사전의 사용법이나 교정 원칙 등을 미리 설명해 놓은 일러두기가 있는데요, 정작 독자는 그 일러두기를 거의 안 읽는다는 의미입니다. 대신 자의건 타의건 사전 편찬자가 된 사람은 해당 사전의 편찬자가 작성해 둔 그 일러두기를 꼼꼼하게 읽습니다. 사전의 일러두기는 사전 편찬자가 직접 적은 그 사전의 해설이기도 합니다. 어찌 보면 사전 편찬자가 자신의 존재감을 드러내는 거의 유일한 지면일지도 모릅니다.

그래서 『옥스퍼드 영한사전』의 일러두기를 함께 보면서 사전의 의도에 대해 살펴볼까 합니다. 모두 설명할 필요는 없으니 유의미한 것 위주로 적어 보겠습니다.

1) 표제어
ABC순으로 적습니다. 당연해 보이지만 꼭 그렇지만도 않습니다. 인명은 성-이름 순서로 할 것인가 이름-성 순서로 할 것인가, 구 표제어에서 관사(a, an, the)나 경칭(Sir.) 등은 어떻게 처리할 것인가와 같은 문제가 있거든요. 갈래 사전의 경우는 과일 이름을 먼저 모아 놓거나 하는 식으로 완전히 다른 원칙으로 배열하기도 합니다. ABC나 가나다순은 당연한 듯해도 당연시하면 안 된다는 사실을 기억해 둘 필요가 있습니다. 사람마다 책장 정리하는 방식이 다 다른 것처럼요. 가장 보편적인 방식이 ABC순이라는 겁니다.

2) 어깨번호
can¹(할 수 있다), can²(깡통)처럼 우연히 철자가 같아졌을 뿐 다른 어원을 가진 단어는 구분을 위해 번호를 달아 줍니다. 이런 동음이의어, 동철이의어는 컴퓨터가 기계적으로 처리할 때는 매우 골치 아픈 존재가 되지만, 사람은 머리가 좋아서 별문제 없이 잘 처리합니다. 같은 단어인데 철자가 두 개인 경우도 있습니다. 'color/colour'처럼요. 이건 주로 다른 철자를 괄호 안에 넣어서 표시합니다.

3) 파생어

파생어라 적었지만 단어에는 여러 가지 관련어가 있습니다. book이 있으면 book-shelf, cook-book, book cover, book in 등 복합어와 합성어가 있습니다. 또 bookable, booking, bookish 등의 파생어가 있죠. 이런 관련어를 사전은 열심히 적어 줍니다. 모두 외울 필요는 없고요. 문장에서 어떻게 쓰이는지 읽어 보고 넘어가면 됩니다. (물론 book에는 '책'과 '예약하다'라는 두 가지 큰 의미 구분이 있다는 것을 알아 두어야 여러 문장을 읽을 수 있겠죠?)

4) 난이도

사전은 중요한 단어를 특별히 표시하기도 합니다. 어떤 사전은 별표시를 쓰죠. 1~3개까지가 보통이고요. 『옥스퍼드 영어사전』에는 열쇠 표시가 있습니다. '옥스퍼드 기본 어휘 3,000개'에 속하는 단어 표시로 고민할 필요 없이 무조건 외워야 하는 기본 어휘라는 표시입니다. 열쇠 표시가 있는 단어인데 모르는 단어라면 기초가 좀 부족하다고 생각하면 됩니다. 사실 아주 기초 어휘는 아닙니다. 기초가 3,000개나 된다니 너무 빡빡하죠. 경쟁 사전인 『롱맨 영한사전』은 조금 줄여서 2,000개로 설정해 두고 있습니다.

열쇠 표시는 '사전의 본문을 설명할 때 사용하는 단어'라는 표시이기도 합니다. 즉 열쇠 표시 단어를 모르면 사전을 읽을 때 제한이 생길 수 있습니다. 이건 편찬자에게도 동일하게 적용됩니다. 사전을 설명할 때 열쇠 표시 단어가 아닌 단어는 어지간하면 사용하지 말라는 것이지요. 이건 순환 정의를 방지하는 중요한 원칙입니다. 단어를 몰라서 사전을 찾았는데 더 어려운 단어로 설명되어 있으면 보는 사람이 얼마나 답답하겠어요. "빵이 없으면 케이크를 먹으라고 하세요"라고 했다던 마리 앙투아네트의 망언이 절로 떠오를 것입니다. 사족입니다만, 정작 마리 앙투아네트는 이 말을 하지 않았다고 합니다.

5) 발음과 강세

좀 골치 아픈 부분입니다. 일단 발음기호(혹은 국제음성부호)의 종류가 다양해서 사전마다 조금씩 다르게 씁니다. 사전의 발음 가이드를 보고 따라서 익히는 수밖에 없습니다. 강세 표시 방법도 사전마다 조금씩 다릅니다. 다르긴 해도 대부분 금방 알아볼 수 있는 위치에 표시되어 있으므로 그 부분을 세게 읽으면 된다고 생각하면 됩니다. 웹 사전에는 원어민의 발음 음성 파일이 지원되므로 실제로 듣고 확인이 가능합니다.

발음은 자꾸 따라 하는 수밖에 없습니다. 미국 영어는 너무 발음을 굴려서 영국 영어로 발음하는 편이 좋다고 생각합니다. 이미 영어는 영국이나 미국만의 언어가 아니거든요. 잉글랜드인도 스코틀랜드인의 영어 발음을 잘 못 알아듣습니다. 어차피 발음은 동네마다 제각각이므로 너무 걱정 말고 당당하게 발음해 봅시다. 내가 영어를 했는데 못 알아들으면 그건 그 영어 화자의 잘못입니다. 미국인이 서툴게 한국어를 했다고 상상해 보세요. 이미 그 사람은 최선을 다했습니다. 못 알아듣겠다면 다시 발음해 보라고 요청해서 열심히 우리가 알아들어 주어야 합니다. 마찬가지로 발음이 이상해서 미안하거나 부끄럽다고 생각하지 말고 그냥 발음합시다. 미국 영어처럼 굴리다가 아무도 못 알아듣는 상황이 되면 최악이죠. 생각만 해도 부끄럽습니다.

6) 동사, 형용사의 활용

특별히 덧붙일 의견은 없습니다. 다만 불규칙 활용은 많지 않으니 잘 외워 둡시다.

7) 명사

동사보다 은근히 어려운 것이 명사를 잘 쓰는 것입니다. a, the 같은 관사를 언제 어떻게 써야 할지 저는 여전히 잘 모르겠네요. 게다가 영어사전에는 가산명사 표시([C]: countable)와 불가산명사 표시([U]: uncountable)가 붙어 있는데 이것도 이해는 쉽지만 실제로 사용을 잘하기는 어렵습니다. 외워질 때까지 문장을 보는 수밖에 없죠. 어떤 문장에선 셀 수 있는 명사로 취급하여 복수형이 있고 어떤 문장에선 없는데, 의미와 함께 계속 문장을 보는 수밖에 없습니다. 이것도 틀렸다고 너무 걱정하지 않아도 됩니다. 외국인이 한국어 조사 '이/가'를 구분 못 해서 "나는 밥이가 고프다"라고 말하면 어떤가요. 그래도 우리는 다 알아듣고 뭐라도 먹자며 손을 이끌어 줄 텐데요.

8) 유의어(SYN, synonym), 반의어(OPP, opposite/
   antonym)

단어는 다른 단어들과 관계를 맺죠. '먹다, 마시다, 들다'는 유사한 의미이고 '기다, 걷다, 달리다'는 정도의 차이가 있으며, 'good, bad'는 반대 의미를 가지지요. 이 유의어나 반의어를 함께 보면서 단어를 좀 더 입체적으로 이해할 수 있습니다. 이것도 모두 외울 필요가 있는 것이 아닙니다. 먹다, 마시다, 들다 중에서 외국인은 '먹다'만 알면 됩니다. 물도 먹고 밥도 먹으면 되는 거죠. 그러다가 고급 한국어 사용자가 되면 "물 좀 드시며 얘기하세요" 하면서 목이 탈 상대를 배려해 줄 수도 있고, 말 좀 그만하라는 은근한 압박을 담을 수도 있게 됩니다. 쓰지 않을 단어는 외워 봐야 까먹습니다. 유의어, 반의어는 그런 단어의 존재를 알려 주는 역할도 있지만 어떤 한 단어의 여러 관계를 보여 주는 역할도 합니다.

9) 관용구(IDM, idiom)

사전은 단어를 중심으로 설명했고 관용구/숙어는 그 단어에 종속된 형태로 서술했습니다. 하지만 단어보다 훨씬 중요한 관용구가 언어에는 많이 있습니다. 특히 영어에선 그렇지요. 그래서 요즘엔 확장된 어휘 단위(extended lexical unit)라는 말을 쓰기도 합니다. 그래서 관용구가 보이면 일단 그 관용구로 검색을 해 봐야 합니다. 예문이 많을 경우 그 관용구는 통으로 외워 둘 필요가 있습니다. 아무래도 예문의 개수는 종이 사전과 웹 사전을 비교할 수 없죠. 웹 사전에서 관용구를 검색하여 예문을 많이 읽어 두세요. 예문을 볼 때는 네이버 사전보다 다음 사전이 더 편리합니다.

여기까지가 영어사전 일러두기에 적힌 설명입니다. 이걸 읽으신 뒤에 그 일러두기를 다시 보면 '아, 이런 말이구나' 하고 쉽게 느껴질 겁니다. 아무래도 사전은 형식을 중시하고 읽는 이가 곡해하는 일이 없도록 하려다 보니 쉬운 말도 좀 복잡하게 설명할 때가 있습니다만, 찬찬히 읽으면 설명 방식이 조금 생소할 수는 있어도 그리 어렵지는 않을 겁니다. 집에 종이 사전이 있다면 사전 편찬자가 심혈을 기울여 작성한 일러두기를 꼭 한번 찬찬히 읽어 보세요.

제게는 사전, 검색 엔진, 전문 데이터베이스가 서로 다르지 않습니다. 그래서 무엇을 뒤지더라도 가장 많은 결과를 주는 구글을 이용합니다. 아무래도 제가 찾는 정보가 록 음악이나 IT 쪽 정보다 보니 네이버나 다음은 보조일 뿐 주 검색 엔진으로 쓸 수가 없습니다. 국내 아이돌의 정보를 찾는다면 네이버나 다음 쪽이 더 유용할지도 모르겠네요. 분야에 따라 언어와 검색 엔진을 다르게 선택해야 합니다. 그래서 여러 포털의 정보를 표시해 주는 구글에서 먼저 검색한 뒤에 네이버나 다음으로 들어가게 됩니다.

　네이버에서 검색할 때는 통합 검색을 쓰진 않습니다. 네이버 사전과 다음 사전으로 직접 들어가 검색하죠. 통합 검색을 하면 불필요한 결과가 너무 많아서 그것을 거르는데 에너지를 더 쓰게 됩니다. 네이버 지식백과에서 검색했는데 원하는 정보가 없다면, 한국어로 출간된 전문사전류에는 해당 정보가 거의 없다고 생각해도 됩니다. 네이버 지식백과는 전문사전 웹서비스 중에서는 세계 최대 수준으로 자료를 많이 확보한 사전입니다. 네이버의 이 노력은 칭찬해 줄 필요가 있습니다.

　구글과 지식백과 검색을 사용하다가도 그렇게 찾다 보면

결국 내가 자주 찾아보는 사전이 생깁니다. 저는 한국사 인물의 경우 『민족문화대백과』를, 서양사 인물의 경우 『브리태니커 백과사전』을 기반으로 한 위키백과 영어판과 다음백과를, 프로그레시브 록은 '프록아카이브'(progarchives) 사이트를, 한국 개봉 영화 정보는 '왓챠'를 찾습니다. 만화, 드라마, 사건/사고 중에 궁금한 게 있으면 나무위키를 봅니다. 읽다 보면 그 사전으로 가는 경험이 쌓이니까 아예 처음부터 그쪽에 가서 뒤집니다. 그래서 어떤 사전이 신뢰할 만한가, 하는 각자의 감각을 가질 필요가 있습니다.

어학사전도 마찬가지로 자기 주력 사전이 있어야 합니다. 제 주요 어학사전은 위키백과입니다. 위키백과를 어학사전으로 쓴다니 조금 이상하게 여길지 모르겠습니다. 중국 버블티를 한자로 알고 싶으면 저는 구글에서 이렇게 검색어를 넣습니다. "bubble tea wikipedia" 그럼 영어와 한국어 위키백과 항목이 나오죠. 그걸 클릭하면 중국어 위키백과 항목으로 연결이 됩니다. "珍珠奶茶"(진주내차)라고 적혀 있네요. 아마 거품(버블) 모양의 알갱이를 중국에서는 진주(珍珠)라고 표현하고 밀크티를 내차(奶茶)라고 하나 봅니다. 저는 사전을 찾을 때 원어 확인을 주로 합니다. 어학사전은 신조어에 약하기 때문에 이런 말은 사전을 뒤지면 허탕 치는 경우가 많습니다.

그 외 어학사전으로 저는 다음 사전을 주로 사용합니다. 제가 틀을 만든 사전이니 아무래도 장점을 잘 알고 있어서 그렇습니다. 한국어사전으로 『고려대한국어대사전』과 '우리말샘'이 들어 있어 좋고, 영어사전은 예문이 주요 뜻으로 정리되어 나오기 때문에 편리하고, 일본어사전은 『코지엔 일한사전』이 제공되어 일본어 공부하기에는 단연 필수이죠. 그 외에 한자를 찾아볼 때는 네이버 사전이나 다른 전문 DB를 봅니다. 독일어를 공부한다거나 중국어를 공부한다면 네이버 사전을 봐야 할 것입니다. 하지만 한국어, 영어, 일본어 학습자까지는 다음 사전의 장점이 더 많습니다.

어학사전을 읽을 때는 딱히 뾰족한 노하우가 없습니다. 예문을 열심히 읽는 편이지요. 다양한 길이와 난이도의 예문을 읽다 보면 그 단어의 용법이 떠오릅니다. 영작할 때는 사전이 별로 큰 도움이 되지 않습니다. 한영사전으로 적당한 단어가 뭐가 있나 확인해 볼 수는 있지만 그 단어가 정말 문장에서 자연스럽게 어울리는지 확인할 수가 없어요. 그럴 때는 구글에 검색해 보아야 합니다. '지불 완료'라는 표현을 찾아보니 'payment completed'가 277만 건, 'did pay'가 418만 건, 'payment done'이 182만 건 정도 나오네요. 그럼 'payment completed'로 써도 되겠습니다. 내가 쓰는 표현이 뭔가 엉터리 콩글리시 같다는 기분이 들 때는 그냥 구글에 검색해 보면 됩니다. 많이 사용되는 표현이면 콩글리시여도 잉글리시여도 상관없습니다. 뜻이 통하니까요. 다음 영어사전도 이 원리를 이용해 뜻을 분류해 둔 것입니다. 많이 사용되는 표현일수록 중요하다는 생각인 거죠. 어학사전은 사전 편찬자가 너무 많이 개입한 느낌이 있습니다. 설정만 잘해 두면 의미 분류는 컴퓨터가 더 잘 처리해 줍니다. 구글이 그 증거입니다.

일본어를 공부할 때는 위키백과나 일한사전을 이용해 해당 단어의 철자를 확인한 뒤 『코토방크』(kotobank)라는 사전에서 한 번 더 찾아봅니다. 『코토방크』는 일본의 지식백과라 할 수 있습니다. 어학사전과 백과, 전문 용어 사전을 한 번에 검색해 주는 서비스로 아사히신문사가 운영 중입니다. 야후 재팬도 이 『코토방크』 쪽으로 어학사전 검색을 일원화했지요. 검색 결과가 아주 마음에 드는 것은 아닙니다만, 다양한 일본 쪽 사전을 한 번에 뒤질 때 가장 유용합니다. 이 외에 유료 데이터베이스로 'japan knowledge'라는 곳이 있습니다만, 여긴 계정이 필요합니다. 학교 도서관 등에 문의해 보면 구독 중일 수도 있으니 확인해 보세요. 저는 아직은 『코토방크』로 충분한 수준입니다.

사전은 아닙니다만, 기계 번역이 사전 역할을 해 주기도 합니다. 저는 구글, 네이버 파파고, 카카오 번역, 이 세 가지를 번갈아 가면서 씁니다. 일본인에게 일본어로 작성된 메일을 받으면 메일 전체 내용을 일단 번역기에 한 번 돌립니다. 그러면 의미를 한눈에 알 수 있고, 몰랐던 단어의 뜻도 알 수 있죠. 여러 단어를 한 번에 찾아주는 효과도 있고요. 포털 사이트 웹 사전의 기본 틀을 만든 저도 번역기를 쓰고 있으니 다른 분들은 어떨지 충분히 예상됩니다. 번역기는 점차 사전을 대체할 겁니다. 사전으로 안 되는 영역이 분명히 있겠지만 그건 필요할 때 사전을 찾으면 되니까요.

사전의 경쟁자가 또 하나 있네요. 유튜브입니다. 사실 저는 유튜브로는 음악만 들었는데 언젠가부터 유튜브로 검색을 한다는 이야기를 들었습니다. 설마, 하고 웃어넘겼는데 사실이더라고요. 처음엔 음식 조리법이나 생활의 꿀팁 같은 정도의 내용이었겠지만 인터넷 강의의 시대를 지나 이젠 학습 콘텐츠까지 짧은 동영상으로 가공해 보여 주는 세상입니다. 수익과 연결되다 보니 엄청난 공을 들인 것도 많습니다. 얼마 전엔 일본 전국시대 총정리 콘텐츠를 보다가 꽤 긴 시간을 들여 끝까지 다 봤던 기억이 납니다. 최근에는 '철학'이라는 말을 처음 고안한 일본의 사상가 니시 아마네와 철학의 번역어에 대한 영상이 있어 깜짝 놀랐습니다. 그것도 어지간한 논문보다 내용이 충실해서 결국 다 봤네요. 물론 그렇게 깊이 있고 진지한 내용은 조회 수가 낮습니다만, 보는 사람 입장에서는 좋은 내용이 귀에 쏙 들어오는 형태로 가공된 영상이었습니다. 본인의 의지만 있다면 공부하기엔 참 좋은 세상인 것 같습니다. 물론 텍스트 정보를 유튜브가 완전히 대체할 수는 없겠지만 시간이 흐를수록 사용자의 시간을 꽤 많이 점유할 것입니다. 어릴수록 동영상에 대한 거부감이 없으니까요.

문득 저의 사전 이용 방식인지, 저의 검색 방식인지, 저의 인터넷 생활인지 불투명하다는 생각이 듭니다. 저는 주요 정보

창구로 검색을 이용하고 또 주로 웹상에서 시간을 보내는 편입
니다. 항상 검색이 일상이므로 검색 결과가 기대에 못 미치거나
느린 서비스에는 적응하기가 어렵습니다. 그래서 페이스북의
검색 기능도 잘 사용하지 않습니다. 검색했는데 원하는 내용이
안 나오면 답답합니다. 저는 앞선 세대에 비해 검색이 일상화된
사람이고 뒷세대와 비교하면 영상에 익숙하지 않은 사람인 겁
니다.

제가 웹 사전을 기획하며 항상 고민한 것이 검색 기능이었
는데 어느 날 이런 생각이 들었습니다. 검색 기능을 사전이 사용
한다기보다는 검색이 사전을 대체한 것이구나 하고요. 그래서
『검색, 사전을 삼키다』라는 책을 썼습니다. 이제 더 이상 검색을
사전과 분리하여 생각할 수 없으므로 사전을 잘 사용하고 싶은
분이라면 검색 기능을 잘 활용하기 위한 연습도 필요합니다. 나
와 잘 맞는 데이터베이스가 뭔지도 염두에 두시고요.

사전 보는 법
: 지식의 집을 잘 짓고 돌보고 위하여

2020년 8월 24일   초판 1쇄 발행

지은이
정철

펴낸이	**펴낸곳**	**등록**	
조성웅	도서출판 유유	제406-2010-000032호(2010년 4월 2일)	

주소
경기도 파주시 책향기로 337, 301-704 (우편번호 10884)

전화	**팩스**	**홈페이지**	**전자우편**
031-957-6869	0303-3444-4645	uupress.co.kr	uupress@gmail.com
	페이스북	**트위터**	**인스타그램**
	facebook.com	twitter.com	instagram.com
	/uupress	/uu_press	/uupress

편집	**디자인**	**마케팅**	
사공영, 김은경	이기준	송세영	

제작	**인쇄**	**제책**	**물류**
제이오	(주)민언프린텍	(주)정문바인텍	책과일터

ISBN 979-11-89683-67-2 04080
     979-11-85152-36-3 (세트)

이 도서의 국립중앙도서관 출판예정도서목록(CIP)은 서지정보유통지원시스템
홈페이지(seoji.nl.go.kr)와 국가자료공동목록시스템(nl.go.kr/kolisnet)에서
이용하실 수 있습니다.(CIP제어번호: CIP2020032951)